北京

四季旅行

《亲历者》编辑部 编著

中国铁道出版社有限公司

CHINA RAILWAY PUBLISHING HOUSE CO., LTD.

春

游踏青
赏尽京城百花

春光不负人，春花惹人醉。春天的北京，垂柳依依，百花遍地，就连威严的故宫都染上了温柔的气息。京郊的山水早早褪去了冬日的冷寂，清脆的鸟鸣唤醒了北京的慵懒春日。

夏 来避暑
到山里享受清凉

北京的夏天时有高温，这时候最舒服的除了待在空调房里吃西瓜、啃冰棍外，在燕山和西山的山谷里，还有许多清凉的避暑好去处，有很多消夏的山水游乐园。那还等什么，赶紧进山吧！

秋色绚烂
醉在斑斓画卷中

秋季的北京格外有味道。红墙金瓦的故宫里刮起了凉爽的风，吹黄了满树的银杏，连摇曳的树影都变得清寂。人们呼朋唤友去爬山赏红叶。京郊传来的不仅有红螺寺里中秋祈福的钟声，还有采摘园里人们的笑声。

冬

雪皑皑
藏不住的梦幻风景

冬季冰封雪围的北京，或许不如春之明媚、夏之清爽、秋之绚烂，却是一个有趣而浪漫的季节。虽然城市表面看似冷调单一，但我们能涮火锅、泡温泉、玩滑雪、看灯展、逛庙会、赏雪景，心中充盈着幸福的味道。

序 | 言

　　几千年时光打马而过，若是提到北京的话，便是一幅天时地利人和的山水长卷。而你想到的北京，大概就是红色宫墙外的宁静小路，胡同儿的转弯拐角，国贸的步履匆忙，798、三里屯的熙熙攘攘……但是这些都还不够。你知道故宫，便也应当走过八达岭；爬过香山，便也应知蟒山枫叶红；走过老胡同，便也应去体验古北水镇韵味浓。四九城虽然就这么大，但是城里城外的寻景之路，远比想象的长。

　　春季是北京赏花的好季节，若是这个时候出来游玩，就能看到"万紫千红总是春"的烂漫风景。玉渊潭的樱花幽香艳丽，一簇一簇绽放在枝头，春意弥漫；凤凰岭的杏花开得正好，远远望去，山坡好像被白雪覆盖了，又好像给山坡穿上了一条白裙子；潭柘寺的玉兰掩映在幽静的古寺中，更显得空灵高洁。它们千姿百态也生机盎然，全力展示着北京的春天。

　　夏季是北京游客最多的季节，城区各大景点和长城经常摩肩接踵，郊区的山里有不少景点是避暑的好去处。你可以去雾灵西峰体验高山滑水，也可以去拒马河漂流；可以去丁香谷欣赏漫山遍野丁香花开，也可以去樱桃谷采摘樱桃；这个时候康西草原绿草如茵，适合骑马奔跑；密云水库山灵水秀、鱼儿肥美，适合边赏景边享受美味鱼鲜。寻找京郊一片青山绿水之地，吹着凉风，就着各式各样的烧烤喝

啤酒，这就是夏天的意义。

秋 天气候宜人，天空蔚蓝，显得愈发开阔，这是北京的黄金旅游季节。此时的香山、蟒山、百望山枫叶红透半边天，而另外一半天空，则被大觉寺、红螺寺、钓鱼台大道鲜活唯美的银杏叶染成明媚的黄。选一个天朗气清的好天气，叫上两三个知己好友，或登山或赏叶，在蓝天白云美景的衬托下拍上几张清新文艺范儿的照片，别提有多美了。

冬 天的北京别有韵味，厚重庄严与年轻时尚在此碰撞出新的火花，使这座城市充满了诸多乐趣。在北海滑冰，上西山观雪，去京都第一瀑攀冰，前往龙庆峡欣赏冰灯，寻找一个村庄体会一把氛围浓郁的春节，再来上一锅热气腾腾的涮羊肉，那才是冬天游北京的乐趣。当然，选择这个季节来北京，可别忘了带上厚的防寒装备。

本书季节篇，方便你快速了解什么季节、什么月份游玩什么景点最合适；主题篇和区域篇，把知名景点进行分区域介绍，方便你快速确定旅游目的地，各目的地均配有实用的交通、美食、购物、住宿资讯，让你出行无忧。若想在最美的季节遇见最美的北京，那就带上这本书，出发吧！

目 录

主题篇　量身定制的深度体验

区域篇 每个地方都有如画的面孔

你好，北京

3月 4月 5月 6月 7月 8月 9月 10月 11月 12月 1月 2月

春　　　　夏　　　　秋　　　　冬

季节篇

每个月

都有自己的精彩

旖旎的春，热烈的夏，缠绵的秋，冷酷的冬，多
变的自然有多样的魅力，游玩要最当季，每个月
都有自己的精彩。

3月

春风乍起

3月的北京正在缓缓褪去冰冷的「外衣」，气温逐渐回升。尤其惊蛰过后，万物复苏，鸟儿跃上枝头，开始欢快地鸣唱，北京渐入观鸟高峰季节，爱鸟的人们终于能见到期盼许久的身影。北京适合观鸟的地点有很多，各种湿地公园正是最好的选择。在这里可以聆听婉转清脆的鸣唱，观赏美丽多彩的羽毛，欣赏那种飞越万里、生生不息的坚毅。

◎玉渊潭公园◎野鸭湖◎故宫◎翠湖湿地公园
◎十三陵国家森林公园◎颐和园

3月亮点1

[玉渊潭公园]

玉渊潭里有北京市区最大的樱花园，每年3、4月去玉渊潭赏樱，是整个京城的热门活动。在这里悠然地赏樱、听鸟、寻虫、观鱼、会友、健身、唱歌或享受宁静，是都市里繁忙的人们放松减压的合适场所。

◎ 位置：北京市，海淀区，羊坊店街道世纪园北侧

3月亮点2

[野鸭湖]

每逢3月，野鸭湖百花争艳，万柳吐绿，生机勃勃，春意盎然。天鹅悠闲地在水中游荡、鹤类昂首高亢地鸣叫、鹰隼翱翔天空、雁鸭列队飞过，构成一幅和谐美丽的画卷。观鸟已成为最热门的旅游活动之一。

◎ 位置：北京市，延庆区康野路

3月亮点3

[故宫]

每年3月，故宫都会迎来自己的"花季"，春天的故宫每个月都会有主打花，3月的主打花是玉兰和杏花。每一处殿宇都被绚烂的颜色装扮。花儿在这座城中静静地开着，在故宫红墙琉璃瓦的映衬下，花开正盛，如此多娇。

◎ 位置：北京市，东城区，景山前街

3月亮点4

[翠湖湿地公园]

翠湖湿地公园是3月观鸟的首推地之一。这里辽阔的湿地资源吸引了大量鸟类前来栖息。而且这里风景怡人，湖中水质清澈，水草植物丰富。

📍 位置：北京市，海淀区，上庄镇

3月亮点5

[十三陵国家森林公园]

十三陵国家森林公园有近13万亩的人工林，森林覆盖率为96.5%，堪称北京地区森林公园面积之最。春天，迎春、山桃、连翘、丁香、榆叶梅、芍药、月季、樱花等几十种花木争相盛开，香气扑鼻，一派生机盎然的好气象。

📍 位置：北京市，昌平区，蟒山路

3月亮点6

[颐和园]

3月，带着春天蒙蒙绿意的柳枝、含苞待放的桃花、透露着青意的草芽都宣告着：现在的颐和园充满着生机。

📍 位置：北京市，海淀区，新建宫门路

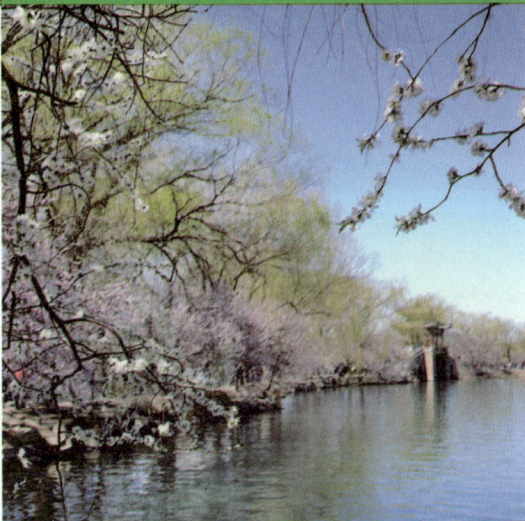

休闲观景 2 日游

　　推荐理由： 春寒刚过的时候，黄花城周围便开起了各种美丽的野花，这里的长城延伸至湖水之中，独特又壮观，而旁边不远的十三陵国家森林公园内也有各种花朵盛开，美丽盎然。抽出一个初春的周末，游山玩水，在乍暖还寒时享用军都山美妙的温泉，度过休闲惬意的两天。

DAY 1
北京市区 ----→ 黄花城水长城 ----→ 军都温泉

第一天早上从北京市区出发，前往黄花城水长城游玩，长城的这一段淹没在水中，形成全国独有的"长城戏水"奇观，而周围的山中现在已经有鲜花盛开，五颜六色分外美丽。景区内自然、人文景观丰富，足够度过美妙的一天。下午游玩过后前往蟒山脚下的军都温泉，这里是北京周边不错的温泉浴场，装饰得非常漂亮。享用温泉的同时将白天爬长城的疲惫一扫而光，晚上可在这里住宿。

DAY 2
军都温泉 ----→ 十三陵国家森林公园 ----→ 北京市区

第二天早上睡到自然醒，然后进入十三陵国家森林公园（原名蟒山国家森林公园）游玩半天，蟒山内有很多的花，每到春天便是五彩缤纷的世界。登上山顶的仿明观景塔便有开阔的视野，明十三陵水库、蟒山天池、七孔桥花海、昌平城区尽收眼底，天气好时还可以远望北京城。观花爬山、遍赏美景之后返回市区。

4月

花海云游

4月是春暖花开的时节，此时天气温暖舒适，树木大多抽枝长出新叶，桃花、樱花、杏花、玉兰争相绽放，一幅带着香甜气息的美景扑面而来。各式各样的野花也"睡醒"了，只见它们"伸伸腰""抬抬头"，争先恐后地纵情怒放，红色的、黄色的、蓝色的、白色的、紫色的……百花争艳，五彩缤纷。这个时节出游，不管是和亲人还是朋友，都能享受其乐融融的春光潋滟。

4月亮点1

[凤凰岭]

4月初是凤凰岭的杏花开得最美的时候，从山坡到山谷开满了粉白色的杏花。青山绿水，蓝天白云，奇花异草遍及山野，这里具有良好的生态环境；其上风上水的地理优势，使之享有京城"绿肺"之称，正是一处春游的好去处。

◎ 位置：北京市，海淀区，苏家坨镇凤凰路

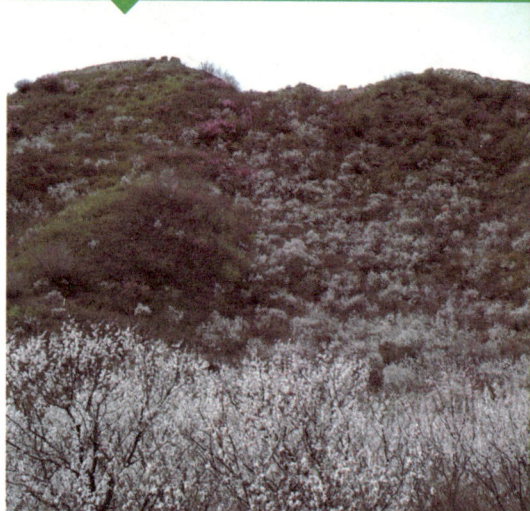

4月亮点2

[法源寺]

法源寺中保留有数株珍贵的丁香树，4月，丁香花悄然盛开，花团锦簇，姿容娟柔，玲珑隽美，外朴而内秀，不独花色明丽，又兼香气郁馥。古寺里花影斑斓，掩映着古寺的红墙碧瓦，颇有古韵。

◎ 位置：北京市，西城区，宣武门外教子胡同南端东侧

4月亮点3

[幽谷神潭]

4月，幽谷神潭春意盎然，百花盛开。景区内有万亩野生杏林，每年4月，这里的数万株杏树就会如期开花，山坡上、石缝内、堤堰边，或弯或直，或高或低，自由开放，正是春游、踏青、登山、植树的好地方！

◎ 位置：北京市，怀柔区，怀北镇椴树岭村

4月亮点4

[国家植物园]

国家植物园一年一度的桃花节会从3月底一直举办到5月初，可以观赏到碧桃园内红白碧桃、绛桃、寿星桃、菊花桃等近70个品种，逾万株桃树。

◉ 位置：北京市，海淀区，香山路

4月亮点5

[樱桃沟村]

清明过后，京郊樱桃沟村的樱桃花进入盛放期，这里就成为樱桃花的海洋。樱花盛放，田间地头、房前屋后，漫山遍野都是樱花雪白的倩影，白色的花朵，在春阳的照耀下，像一树雪罩上了薄薄的雾。

◉ 位置：北京市，门头沟区，妙峰山镇

4月亮点6

[黑龙潭]

每年4月走进景区，峡谷里、山道旁、潭池边，大片的山杏花、山桃花，漫山遍野，让人真切地体验到什么是"乱花渐欲迷人眼"。胜春时节，溪水带来朵朵桃花，桃花在水面上流转途经一个个深潭，颇为神奇。

◉ 位置：北京市，密云区，石城镇鹿皮关北

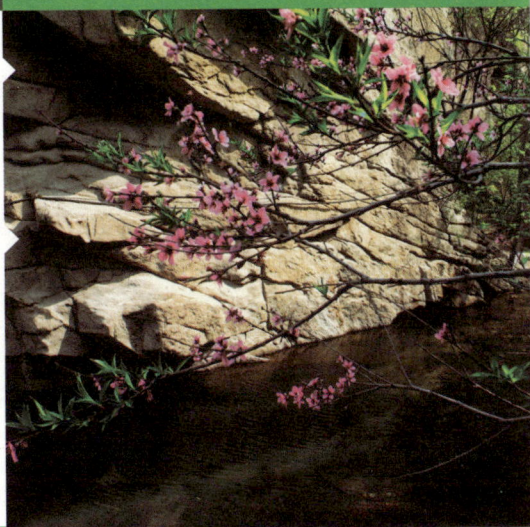

古北水镇 2 日游

推荐理由： 京郊密云的古北水镇是最近几年北京周边最热门的去处之一，虽是新修，却别具韵味，既有江南水乡的温婉，又有北方古镇的大气。古镇旁边的司马台长城也是万里长城的精华路段，让无数喜欢长城的游客心向往之。用一个周末，轻松游遍古镇长城，享受密云惬意的周末。

DAY 1 北京市区 ┈┈▸ 古北水镇

早上从北京市区出发，驱车前往密云古北水镇。古北水镇是一处在古村的基础上改造重建的古镇景区，依水而建，充满北方古镇的大气威严，也有很多江南水乡的特色，还可以泡温泉、品尝美食、爬司马台长城，是京郊地区休闲度假的绝妙选择。下午在古镇里闲逛，看看酒坊、镖局，享用美食。晚上可以住在古镇内的酒店里，还可以享用舒心的温泉。

DAY 2 古北水镇 ┈┈▸ 司马台长城 ┈┈▸ 北京市区

第二天上午前往古北水镇旁的绝美长城——司马台长城。这是一段保留明长城原貌的古长城，沿着刀削斧劈似的山脊修建，险峻无比，也造就了这段长城多样的城墙形式，非常受摄影爱好者们的喜爱。在这里爬山漫步，欣赏美景；之后返回市区，好好休息。

◎什刹海 ◎百花山
◎北海公园 ◎妙峰山
◎大运河森林公园 ◎长沟镇

5月

踏歌而行

5月，北京天气开始慢慢向夏季过渡，它有夏的情趣，逐渐表现出更大的活力。北京的5月是个与阳光、鲜花相会的季节，雍容华贵的牡丹、清香淡雅的丁香、色彩亮丽的郁金香竞相步入盛花期，这时候各种植物都变得生机勃勃，极其适合旅游踏青。恰逢劳动节五天假期，有机会的话还可以去露营烧烤，第二天早早起来一起迎接日出，约上好友一起欣赏日外美景定是一种绝佳体验。

5月亮点1
[什刹海]

5月，什刹海碧波荡漾，岸边垂柳依依，远山秀色如黛，风光绮丽。到了夜晚华灯初上，后海边小酒吧的驻唱歌手开始了深情的演唱，伴着潺潺的流水，此时的什刹海又多了一分缱绻多情。

◎ 位置：北京市，西城区，地安门东大街

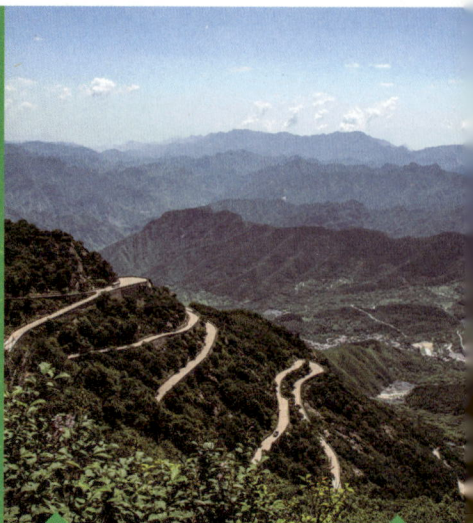

5月亮点2
[百花山]

5月花开季节，山桃花、暴马丁香、映红杜鹃等，各色鲜花满山遍野，争奇斗艳，把整个百花山装扮得色彩斑斓。

◎ 位置：北京市，门头沟区，清水镇

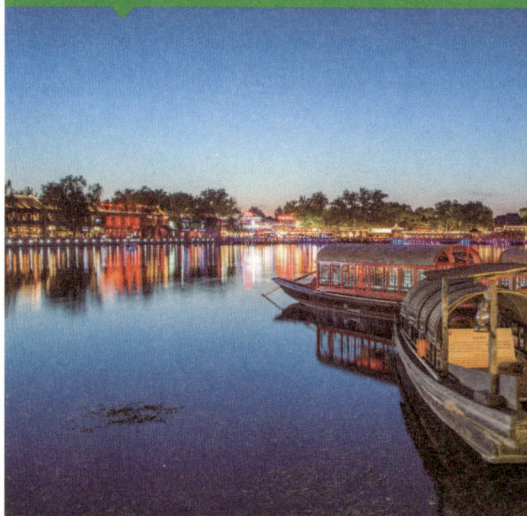

5月亮点3
[北海公园]

5月里，北海公园内沿湖四岸、古建旁、假山边连翘、碧桃、丁香次第开放，风景如画，令人陶醉。

◎ 位置：北京市，西城区，文津街

5月亮点4

[妙峰山]

每年农历四月，妙峰山娘娘庙会举办庙会，该庙会已成为北京周边最热闹的庙会之一，已有300多年的历史。

◎ 位置：北京市，门头沟区，妙峰山镇涧沟村

5月亮点5

[大运河森林公园]

公园内建有众多的娱乐设施，在大型的游乐场可以尽情体验各种刺激活动。5月，可以露营、野餐、骑行，或是乘船游玩在运河之上。目前大运河森林公园在功能上除了观景之外，还有采摘、垂钓等。此外，园内专门设立了"观鸟点"。

◎ 位置：北京市，通州区，武兴路

5月亮点6

[长沟镇]

每年5月，这里的油菜花进入盛花期，花田颇为壮观。游人无须下江南，便可欣赏到胜似江南的油菜花田园美景。长沟的油菜花长势良好，沿路大面积的油菜花盛开，金黄一片，壮观非常。当真是"油菜花海蜂蝶舞，大地流金香飘来"。

◎ 位置：北京市，房山区，长沟镇

北京经典 5 日游

推荐理由：玩遍北京的绝大部分热门景点，每天集中游玩一个区域，感受最正宗的京城范儿，是初游北京的 5 日经典行程。如果没有足够的时间，删减掉自己不感兴趣的当天行程即可。时间充裕的话，也可以加入 1~2 日市郊周边行程。

DAY 1

天安门 ┈┈▶ 故宫 ┈┈▶ 景山公园 ┈┈▶ 什刹海

早起去天安门广场看升旗，参观人民英雄纪念碑、毛主席纪念堂等著名景点。然后游玩故宫，登景山公园俯瞰故宫全景。如果还有体力，黄昏时可以去什刹海景区，逛逛荷花市场，参观名人故居，晚上还可以感受后海酒吧的喧闹氛围。

DAY 2

天坛 ┈┈▶ 前门大街 ┈┈▶ 国家大剧院 ┈┈▶ 西单

第二天上午从天坛开始，参观古代皇帝的祭天场所。之后到前门大街，逛逛大栅栏、鲜鱼口。中午可以在前门附近就餐，选择非常多，烤鱼、炸酱面、卤

煮等众多北京特色美食都能在这里尝到。前门往西就是国家大剧院。如果还有时间，可以继续往西到北京的繁华商业区西单，尽情逛街购物。

DAY 3　长城 ┈┈➤ 十三陵 ┈┈➤ 昌平

不到长城非好汉，第三天前往八达岭攀爬长城。如果之后体力、时间还有富裕，可以去十三陵参观。长城周边吃饭的地方较少，建议自备一些食物。晚餐可以考虑在昌平城区吃。

DAY 4　奥林匹克公园 ┈┈➤ 798 ┈┈➤ 簋街 ┈┈➤ 三里屯

第四天可以逛逛朝阳区的奥林匹克公园、文艺地标 798 和时尚前沿阵地三里屯。晚饭推荐东直门内的簋街，小龙虾、牛蛙和烤鱼绝对够辣够爽。

DAY 5　颐和园 ┈┈➤ 圆明园 ┈┈➤ 北大、清华 ┈┈➤ 五道口

第五天上午逛逛颐和园和圆明园，之后去中国最好的学府北大和清华转转，感受一下学术气息。晚餐可以考虑去"宇宙中心"五道口觅食。

注：本行程中提到的天安门广场、故宫博物院、八达岭长城、十三陵、北京大学、清华大学等游览点，需要在网上提前预约才能参观。

6月

京郊避暑

每年端午前后，北京即进入盛夏时节，三十多摄氏度的高温，热浪扑面而至。树木葳蕤，鲜花盛开，芳草碧绿……俨然一帧花红叶茂的水墨长卷绵延于6月的天地之间。路旁遮荫的钻天杨，田野上一望无垠的葡萄架……6月时节，炎炎夏日，躲避酷热的方式不仅仅是躲在空调房里。京郊的气温通常比城里低四五摄氏度，是周末游玩避暑的不二之选。

6月亮点1

[司马台长城]

司马台长城背倚蓝天，横亘东西，野云悠悠，极高极险。其山势犹如人的手指并拢，呈双向阶梯状。若从西面登上长城，侧向看去，唯有一峰在上，6月在这里仰望星空，观迢迢银河，赏无垠星海，避暑娱乐两不误。

📍 位置：北京市，密云区，古北口镇司马台村北

6月亮点2

[清凉谷]

6月来清凉谷可以游玩很多水上项目，体会夏日玩水的清凉。这里地处塞外，终年不断的白河水从景区门前流过，独特的地理位置和环境形成了这里凉爽的气候。

📍 位置：北京市，密云区，石城镇贾峪村

6月亮点3

[石林峡]

6月来石林峡避暑是真正身与心的修养。整个峡谷林木葱郁，九瀑十八潭点缀其中，构成一幅惟妙惟肖的天然画卷。

📍 位置：北京市，平谷区，黄松峪地质公园

[百里山水画廊]

这里有风光旖旎的白河谷地、壮美的黑河峡谷和峻秀的滴水飞瀑，是6月的避暑胜地；这里神秘的乌龙峡谷、庄严的朝阳寺、古老的关帝庙和葱郁的大滩原始次生林等丰富的旅游资源让百里山水画廊景色变幻如画，是名副其实的避暑胜地和绿色氧吧。

○ 位置：北京市，延庆区，千家店镇

[庞各庄]

伴随着西瓜的上市，一年一度的大兴西瓜节也将即将到来。每年6月，庞各庄会举办盛大的西瓜节，届时会开展文艺表演、商品展销、西瓜擂台赛等活动。城南绿海无限美，花美瓜甜乐无穷。

○ 位置：北京市，大兴区，庞各庄镇

京郊清凉 2 日游

　　推荐理由：这是一条适合周末出游的线路，在市区进行一周的繁忙工作之后，趁着周末来感受大自然的美景是最惬意的放松方式。这条短线不仅可以欣赏初夏美景，还能参与很多娱乐活动，缓解身心疲惫。

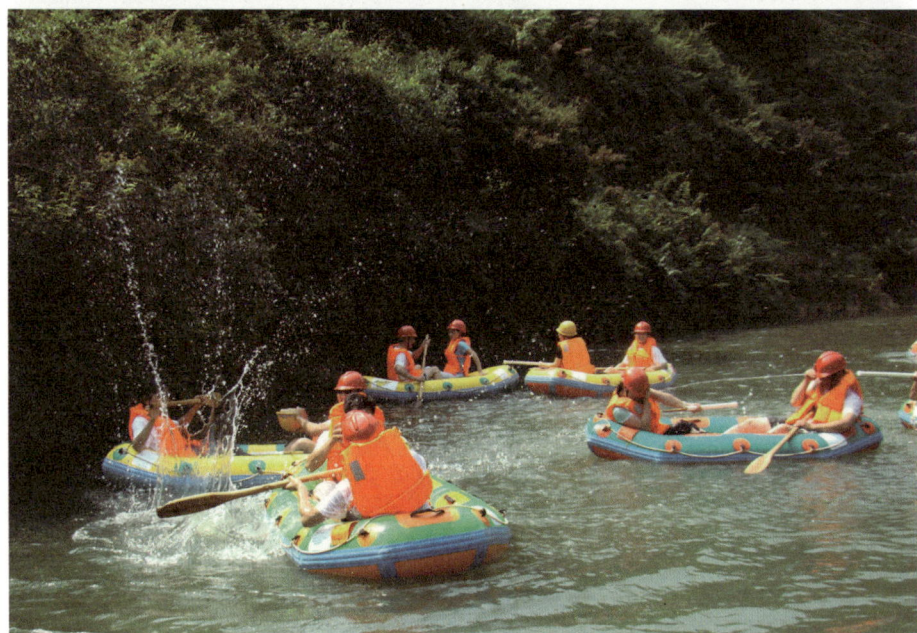

DAY 1 北京市区 ·····➡ 慕田峪长城

早上乘车或自驾前往慕田峪长城，因为距离较远，因此可先大致游览，之后在附近农家院解决午餐。用餐后，可继续攀登参观余下景致。在这里可以体验慕田峪长城滑道带来的新奇感受。滑道可慢行也可飞驰，安全舒适，惊险刺激，依山顺势呈蛇状从慕字号楼把游客安全地送至长城脚下，一路上可俯视长城美景，晚上可以选择在附近住宿。

DAY 2 慕田峪长城 ····➡ 清凉谷 ····➡ 北京市区

第二天早上乘车前往清凉谷高山滑水漂流。清凉谷高山滑水漂流项目位于清凉谷风景区内，可乘坐景区的观光缆车（也可步行走登山栈道）直达高山滑水游客服务中心，然后在这里换上滑水服、凉鞋、救生衣、戴上安全帽、泳镜等戏水装备。准备好这一切后，不但能体验高山上的极速漂流，感受纵横山林峡谷间的激流勇进，畅享浪花中的激情穿越，还可在滑水漂流的过程中俯瞰雄伟壮丽的群山风光。尽兴之后返回市里，结束清爽的旅行。

7月

赏荷垂钓

7月的北京已经进入盛夏，火辣辣的太阳毫不留情地炙烤着大地，大地被晒得滚烫，仿佛一个巨大的蒸笼使人透不过气来。而此时京城的荷花迎来了盛放期，为炎热的夏季带来了勃勃生机，以及一抹宁静清凉。这个时候前往京郊的水库避暑，可以一边欣赏美景一边品尝新鲜的水产，不失为人生的一件乐事。

7月亮点1

[雁栖湖]

雁栖湖周围小山环抱，风光旖旎，湖水清澈，非常适合7月带着孩子来此戏水度假。景区内植物众多，创造出了非常多的林荫空间和观赏空间，以便游客缓解疲劳，放松身心，让广大游客在夏季拥有一个绿色的休闲度假场所。

♀ 位置：北京市，怀柔区，城北8千米处

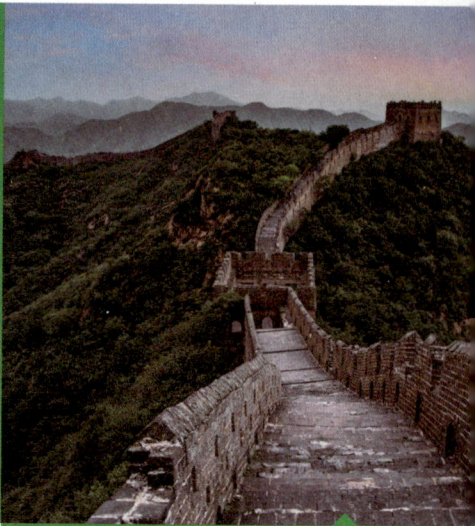

7月亮点2

[慕田峪长城]

慕田峪长城全长5400多米，是中国目前最长的长城，也是著名的北京十六景之一。7月，这里满山青翠，流水潺潺。景区内山峦叠嶂，植被覆盖率达90%以上。

♀ 位置：北京市，怀柔区，渤海镇慕田峪村

7月亮点3

[密云水库]

密云水库有"燕山明珠"之称，以山灵水秀、景象万千而吸引游人，成为北京著名的旅游风景区之一。水库大坝巍峨，湖面辽阔。库旁的各式建筑，隐现在青山绿水之中，恰似仙宫琼阁。7月在这里避暑小憩，绝对是一种美的享受。

♀ 位置：北京市，密云区，不老屯镇

7月亮点4

[颐和园]

每年7月，西堤西边水域中的荷叶、荷花、芦苇连缀成片，几乎将湖面完全遮盖。走入颐和园的昆明湖西岸到西堤一带，就如同走进了荷花的世界，碧波荡漾，万绿流翠。

📍 位置：北京市，海淀区，新建宫门路

7月亮点5

[四季花海]

7月伊始，四季花海内的8200亩鲜花陆续绽放，品种有寿菊、向日葵、薰衣草、百合等，形成独具特色的大地花海景观。青山绿水间，数千亩鲜花铺展开来，姹紫嫣红，农田变花园。

📍 位置：北京市，延庆区，四海镇

7月亮点6

[什刹海]

7月的湖边非常清凉，阳光下的什刹海水清见底，清风下荷花飘逸，沿着这沉淀厚重历史的老街漫步，会感到非常惬意。

📍 位置：北京市，西城区，地安门东大街

避暑消夏 2 日游

推荐理由：7月，正是夏季最热的时候，这时候不如去大自然里走一走，或许可以让浮躁的心灵宁静下来，之后去体验一把农事活动，感觉整个人的压力都变得无影无踪。

DAY 1　北京市区 ┄┄▶ 十三陵国家森林公园 ┄┄▶ 昌平

　　上午出发前往十三陵国家森林公园，因其山势起伏如大蟒，故名蟒山，其山体主要成分是砂页岩。7月，景区内层峦叠嶂，郁郁葱葱，是一座名副其实的"天然氧吧"。游览时可重点参观园内的石雕弥勒大佛，名家所制，造像传神。伫立在石雕造像脚下，仰观弥勒大佛踞坐平台之上，喜笑颜开，自然随和，呈现出一派乐天慈悲的超拔气象。晚上在昌平城区住宿。

DAY 2　昌平 ┄┄▶ 白各庄农场采摘园 ┄┄▶ 北京市区

　　第二日早餐后前往白各庄农场采摘园，这家位于昌平区白各庄村的农场很适合亲子游。园内根据季节的不同，有时令蔬菜和水果供游人采摘，可带孩子体验别样的田园生活。另外，园内还可以喂食动物，乐园项目设施可供嬉戏，整体项目还是比较丰富的。

8月

亲水纳凉

8月的风，已经不那么轻柔，而带有无言的烦躁。庆幸的是，在城市里，也有很多地方可以纳凉，最佳去处非泳池莫属，去水上乐园游泳戏水，享受那一抹清凉是这个月最值得期盼的事情。如果单单如此还不能抚平心中的急躁，那么可以前往京郊体验漂流，一边欣赏美景一边享受亲近自然带来的清凉与放松，一定会使整个人松弛下来。

8月亮点1

[康西草原]

8月的康西草原，绿草如茵，红花点点，有蒙古包，有牛、马、羊群，山、水、林、草融为一体，风景秀美，令人心旷神怡，是京郊难得的避暑胜地。白天可以骑马在草原上奔驰，夜晚举办篝火晚会，体验塞外风情。为康西草原的8月增添了独特的蒙古风韵。

◎ 位置：北京市，延庆区，康庄镇康庄村西

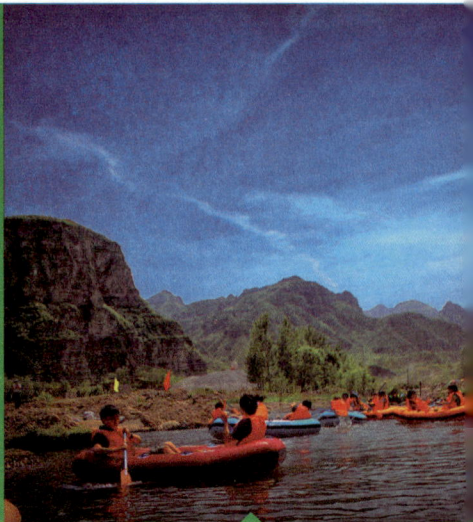

8月亮点2

[十渡]

这里有清凉的峡谷、刺激的漂流、青翠的山林。在8月来到这里，能尽情享受城区无法拥有的凉爽。

注：部分景区受2023年夏季暴雨影响，正在恢复重建。了解最新资讯，可关注"十渡旅游"微信公众号。

◎ 位置：北京市，房山区，十渡镇

8月亮点3

[京东大溶洞]

8月来京东大溶洞，可避暑、纳凉、观赏地质岩层标本。溶洞洞壁具有浮雕特色的"龙绘天书"，形态各异。有的似片片浮云，有的如座座莲花，有的状如簇簇巨蘑，还有的似西风卷帘。即使外面炎热，洞内也依然清凉舒畅。

◎ 位置：北京市，平谷区，黄松峪乡黑豆峪村

8月亮点4

[龙庆峡]

8月的龙庆峡空气清新，气候凉爽，平均气温比北京市区低6℃左右，是避暑度假的绝佳去处。龙庆峡内峰峦峭立，山清水秀，7公里长的峡谷既有南方的秀丽，又有北方的雄奇，开阔与幽深间或，险峻与浅滩并存。

◎ 位置：北京市，延庆区，旧县镇古城村北

8月亮点5

[珍珠湖]

珍珠湖两岸山势陡峭，8月岩崖布满青苔，湖水清澈碧透，平静如镜，蓝天、白云、高山、树影，静卧其中，恰似一幅天然的山水画。

◎ 位置：北京市，门头沟区，斋堂镇向阳口村

8月亮点6

[蓝调庄园]

8月，薰衣草绽放，庄园傍晚夕阳西下，微风夹杂着薰衣草的芳香，见证着薰衣草庄园里的浪漫。还可以尝尝香草做的料理，品品香草泡的凉茶，最后，自己动手做几个香包、几支蜡烛，作为送给朋友们的小礼物。

◎ 位置：北京市，朝阳区，金盏乡楼梓庄村

十渡 2 日游

推荐理由：一般情况下，游览十渡风景区需要两天，尤其夏季来玩。可以九渡为游览中心，七渡的孤山寨、十五渡的东湖港是两个最好玩的地方，十八渡的狼牙河漂流也一定不能错过。这是十渡最经典的山和水，是绝不可错过的精品线路。

注：部分景区受 2023 年夏季暴雨影响，正在恢复重建。拒马乐园、孤山寨、东湖港等景区都可正常游览。了解最新资讯，可关注"十渡旅游"微信公众号。

DAY 1 北京市区 ┈┈┈┈▶ 十渡

　　上午出发前往十渡，可以参观十渡风景区的仙栖洞、龙仙宫、仙峰谷。这三个地方风景优美，气候清凉，很适合夏天游山玩水。在十渡风景区，有很多农家院。到了中午，可在附近农家院尝尝鲜。晚上，可在附近民宿住宿。大多数民宿都是当地人开的，多数属于农家院，环境清静优美，院落古朴典雅。

DAY 2 十渡 ┈┈┈▶ 拒马河 ┈┈┈▶ 北京市区

　　经过一晚上的调整休息，进入第二天的游玩，可以去体验拒马河漂流。在这里不仅可以玩刺激的水上漂流，还能体验蹦极等极限运动，让身心在运动中得到尽情释放。中午可以品味炖野鸡，农家小炒菜等地道的农家美味。下午稍作调整即可返回市区。

9月

把酒话桑麻

突然发觉没有了知了的鸣叫，也没有了没完没了的炎热，仿佛就在转念间，北京就进入了温文尔雅的秋天。9月一到，就有了秋意，秋意在一个多雾的黎明溜来到了炎热的下午便不见踪影。太阳没有办法跨越季节，该凉的时候到了，尽管还是红艳艳的，也只能摆个样子，实在没有夏日的威风可耍。这个时候蟹子正鲜美，吃蟹品菊，秋日便显得圆满许多。

9月亮点1

[北京欢乐谷]

9月的气温逐渐变得不那么高，此时去欢乐谷就没有了夏季时体验娱乐设施被暴晒的痛苦，可以尽情地享受各种项目。北京欢乐谷设置了120余项体验项目，可以满足不同人群的需要。

◉ 位置：北京市，朝阳区，东四环小武基北路四方桥东南角

9月亮点2

[百花山]

每到金秋9月，百花山一片金黄，景色十分美好。秋色已经开始漂染整座山峰，白桦、红松、红枫点缀在步道两旁，步道上也落满了各种颜色的落叶。

◉ 位置：北京市，门头沟区，清水镇

9月亮点3

[故宫赏秋]

9月，秋高气爽，风轻云淡，澄澈的天气下故宫的红墙绿瓦就显得更加夺目而威严。

◉ 位置：北京市，东城区，景山前街

9月亮点4
[南锣鼓巷]

飒爽的秋日是最适合游逛胡同的时候，走近那些静静隐居在闹市里的高门大院，细数曾经的繁华过往。门外是古老中国胡同的往日尘烟，门里是熟悉的蓝山咖啡和杜松子酒。似有似无间，仿佛在古今交错的时间里徜徉。

📍 位置：北京市，东城区，地安门东大街

南锣鼓巷
NAN LUOGUXIANG
36
北京市公安局监制

心是孤独的猎手

9月亮点5
[茶棚村向日葵田]

9月中旬正值葵花绚烂的季节，茶棚村的向日葵花海已经盛放，远远望去真如一片金色的海洋。朵朵向日葵似张张笑脸，对着太阳露出灿烂笑容。清风拂过，摇曳生姿，蜜蜂采蜜，蝴蝶蹁跹。

📍 位置：北京市，顺义区，木林镇

北京深度 8 日游

推荐理由：8 天时间玩遍北京市区绝大部分热门景点，每天集中游玩一个区域，感受最正宗的京城范儿。9 月初秋的天气已经褪去了炎热，凉风送爽，是游玩的好时机。

DAY 1　天安门广场 ┈┈▶ 故宫 ┈┈▶ 景山公园

早上先去**天安门广场**，要是想看广场升旗的话一定要赶早，因为升旗时间与日出时间一致，所以要事先查好信息，至少提前一小时左右到场。参观英雄纪念碑、毛主席纪念堂、人民大会堂等建筑后，可以去**故宫**游览。从故宫北门出来便来到了**景山公园**，登上景山就可以看到故宫全景。如果还有体力，可以去周边的胡同里随意逛逛。

DAY 2　雍和宫 ┈┈▶ 孔庙和国子监 ┈┈▶ 五道营胡同 ┈┈▶ 簋街

第二天吃完早饭出门前往**雍和宫**，参观完雍和宫可以去街对面的**孔庙和国子监**游览，如果请导游讲解最好不过了。之后可以去文艺范儿的**五道营胡同**逛逛各种咖啡馆、书吧和精品小店。晚上可以到**簋街**附近吃大餐。这里云集着全国各地的美味，以麻辣口味为主，各家都有自家的招牌菜。

DAY 3　恭王府 ┈┈▶ 什刹海 ┈┈▶ 烟袋斜街 ┈┈▶ 钟鼓楼 ┈┈▶ 南锣鼓巷

第三天上午前往**恭王府**游览，建议跟着导游讲解细细游览，否则会错过很多有趣的故事与细节。下午吃过午饭后便可到**什刹海**游玩，这里的小景点非常多，宋庆龄故居、郭沫若故居等都坐落于此。也可以去**烟袋斜街**逛逛，感受深厚的市井风情和浓郁的老北京特色。往东北方向走，就能看见老北京的地标建筑——**钟鼓楼**。如果觉得不累，可以到热闹的**南锣鼓巷**去瞧瞧，巷子两旁的胡同有很多可以说道的历史。

DAY 4　天坛 ┈┈▶ 鸟巢、水立方

第四天上午前往**天坛**参观，该景区分东、南、西、北四个出入口，建议从南门进、北门出，这样能够按照圜丘坛、回音壁、祈年殿的顺序参观，以获得最

佳的游览体验。如果还有体力的话，晚上可欣赏鸟巢、水立方的夜景。

DAY 5   798 艺术区 ·····▶ 三里屯

第五天白天前往北京最有范儿的现代艺术区 798，感受各类先锋艺术与多元文化氛围。建议不要去太早，因为很多商店可能还没开门。然后可以去三里屯看看，三里屯大致可分为南、北两区。北区主打高级范儿，世界顶级美食与各大奢侈品牌都聚集于此；南区的消费水平则更平民化一些。

DAY 6   圆明园 ·····▶ 清华大学

第六天上午前往圆明园景区，这里面积较大，花半天的时间来玩。中午可以去清华大学里面吃饭，最好从学校西门进入，这样可以租到校园自行车，方便游览校园的各个角落。推荐游览路线：清华西门—荷塘月色—水木清华—大礼堂—清华学堂—二校门—清华西门。

DAY 7   颐和园 ·····▶ 北京大学

第七天上午去颐和园欣赏昔日皇家园林的风光，游览完毕后可以选择去附近的北京大学吃饭，也可以在外面吃饭之后再去学校里面参观。去北大游玩的话，应从东南门进入，一路向西可以游览图书馆、未名湖、博雅塔、蔡元培像等景点，最后从出镜率超高的北大西门离开。

DAY 8   八达岭长城 ·····▶ 十三陵

第八天前往八达岭攀登长城，需要注意的是八达岭长城的游览路线有南、北两条，不同路线的风景也不同。乘坐缆车可以节约大量时间。游览完八达岭之后，如果体力、时间还富裕的话，可以去十三陵进行参观。建议优先游览定陵，因为这里是十三陵中唯一一处被打开地宫的陵墓，如果还有时间可以去看看埋葬着明成祖朱棣的长陵。

注：本行程中提到的天安门广场、故宫博物院、恭王府、八达岭长城、十三陵、北京大学、清华大学等游览点，需要在网上提前预约才能参观。

10月

登高而望远

◎霞底下村 ◎妙峰山 ◎百望山
◎喇叭沟门 ◎香山公园

10月风凉，丹桂飘香。北京的10月，是秋风瑟瑟，是枫叶红时，是短暂的欢鸣，是冬来的序曲。这时候的北京，气候宜人，景色迷人。阵阵秋风袭来，丝丝凉意，倍感惬意。在这个美丽的季节，我们放松自己，逃离城市的喧嚣和烦闷，来到天高云淡、群山叠翠的高山欣赏秋色，真的是一种放松和享受。

10月亮点 1
[爨底下村]

10月的爨（cuàn）底下村已经秋意很浓，树上的叶子也随着时间的推移慢慢变换了颜色，红叶渐浓，成了一幅醉人的颜色。这个秋天，一切都美得刚刚好。

◎ 位置：北京市，门头沟区，斋堂镇

10月亮点 2
[妙峰山]

每到10月，妙峰山上的黄栌、橡树、柿子树、山楂树、松柏都会交织出一幅五彩斑斓的立体风景画。墨绿的古油松，金黄的橡树，火红的黄栌、枫叶，粉、黄、紫、蓝、白等各色山菊花构成妙峰山五彩的金秋。

◎ 位置：北京市，门头沟区，妙峰山镇沟村

10月亮点 3
[百望山]

10月，百望山森林公园里近千亩的红叶林竞相展艳，红得透亮，红得醉人。公园内草木种类繁多，空气中富含的负氧离子，游于其间，可以享受到森林浴的保健功能。

◎ 位置：北京市，海淀区，黑山扈路与马连洼北路交会处附近

[喇叭沟门]

一到10月，喇叭沟门里以白桦林、原始橡树林、落叶松林、枫树林为主的植被就会呈现出一个立体、多彩、绚丽的世界。倘若体力充沛，可以一路穿过白桦林，登到南猴顶，俯瞰起伏的山脉和漫山遍野的红叶和白桦林。

◎ 位置：北京市，怀柔区北部，喇叭沟门满族乡

[香山公园]

10月，香山成片的树叶由满眼的苍翠转变为夺目的深红，吸引了大批游人前去赏叶踏秋。

◎ 位置：北京市，海淀区，小西山东麓

问古赏秋 2 日游

　　推荐理由：北京的秋季非常美丽，这时候天高云淡，气温适宜，红叶似火。这条线路正好适合不愿意长途奔波去旅行的人，在北京市区也能欣赏到美丽的风景，体会不一样的秋意。

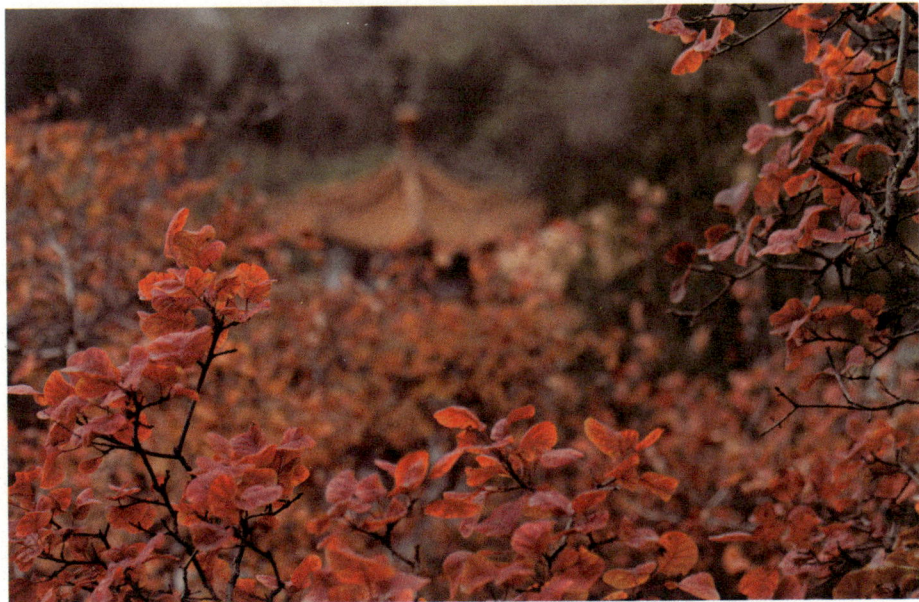

DAY 1　香山公园 ┈┈┈▶ 大觉寺

　　第一天上午游览香山公园，香山红叶，鼎鼎有名，除此之外香山也是访古寻幽的佳处。香山公园是一座具有山林特色的皇家园林，公园内林木繁茂，还有很多古迹藏在林中。每年秋季的"香山红叶红满天"是景区最大的亮点，是感受北京金秋的绝好去处。红叶以黄栌为主，总数十万余株，此外还有元宝枫、三角枫、五角枫等 30 多个品种。下午前往大觉寺参观游览，晚上可夜宿大觉寺明慧茶院。

DAY 2　大觉寺 ┈┈┈▶ 鹫峰森林公园

　　第二天在大觉寺稍作休整之后前往鹫峰森林公园。鹫峰森林公园位于北京城西 30 千米的大西山之中，它以雄奇秀丽的自然景色、盘山古道，以及众多的文物古迹吸引众多游客，以丰富的植物资源闻名京城。远望鹫峰，山峦上的两座峰相对而立，

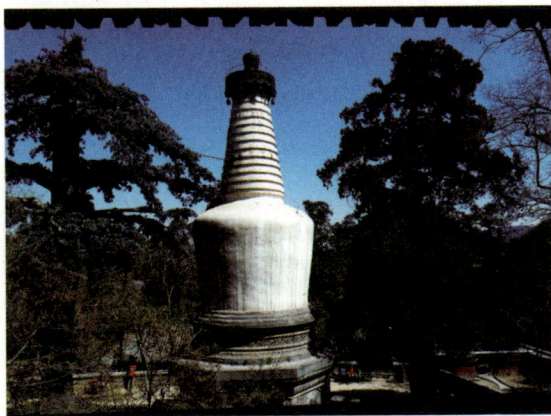

宛如一只俯冲而来的鹫鸟，栩栩如生，由此得名。这里古朴蜿蜒曲折，鹫峰山顶更是观景的极佳地点。

停车坐爱枫林晚

11月

◎ 野鸭湖 ◎ 大觉寺 ◎ 柳沟村豆腐宴
北海公园 ◎ 潭柘寺

凉爽的秋季已过完大半，冬日的脚步也越来越近了，这个时候抓住秋天的尾巴来一场短途出游显得尤其有兴味。北京秋天最美的就是柠檬色的银杏叶以及红透天的香山红叶。穿上一件稍厚的外套，看层林尽染，日斜雁飞，心中便激荡出一种情怀。归途中买上香甜的烤红薯、炒板栗，嗯，秋季就应该是这样慵懒又充满温度的。

11月亮点1

[野鸭湖]

11月下旬野鸭湖周围的苇草已经换上了金色的外衣，在晴朗的天气，野鸭湖被衬托得像是一滴纯净的眼泪。野鸭湖秋的色彩让人沉醉，让身心得到净化，此时只想静静地走着，听脚踩树叶发出的声音……

位置：北京市，延庆区，康野路

11月亮点2

[大觉寺]

11月，秋意正浓，北京西山大觉寺里的银杏树吸引了无数的游人。无量寿殿左前方一株雄性银杏，距今已有近千年的历史，被称为辽代"银杏王"。站在遮天蔽日的银杏树下仰望，满目都是金灿灿的黄色，格外静美。

位置：北京市，海淀区，苏家坨镇大觉寺路

11月亮点3
[柳沟村豆腐宴]

深秋时节，天气日渐寒冷，柳沟村火盆锅"豆腐宴"热热乎乎，色香味俱全，让人回忆起小时候。品尝着砂锅里热腾腾的柳沟豆腐，再温上一壶烧酒，真是人生一大乐事。

📍 位置：北京市，延庆区，井庄镇柳沟村

11月亮点4
[北海公园]

11月，北海公园阅古楼旁边银杏树的叶子也悄然变了颜色。金黄的叶片和红色的建筑绝妙的融合，更显秋意浓重。

📍 位置：北京市，西城区，文津街

11月亮点5
[潭柘寺]

潭柘寺寺内有雄伟壮观、气象肃然的庙宇，寺后曲径通幽，泉水潺潺。潭柘寺的古银杏树有着上千年的历史，至今依然高大粗壮、根深叶茂。

📍 位置：北京市，门头沟区，潭柘山麓

观光访古 3 日游

推荐理由：北京的市内或周边，有很多风景美丽的山林、建筑和园林等，这条路线结合了八达岭、十三陵、颐和园等经典的访古和观光胜地，适合初到北京的游客游览。11 月气温不高，枫叶仍在飘红，此时能欣赏到一些独特的风景。

DAY 1 天安门广场 ·······▶ 王府井大街

先在市区逛逛，到天安门广场和王府井去游览。天安门是中华人民共和国的象征，对面就是天安门广场，广场上矗立着人民英雄纪念碑和毛主席纪念堂。之后可以前往王府井大街解决午餐，吃完饭后可以在这里购物观光，晚上可以到全聚德品尝烤鸭。

DAY 2 八达岭 ·······▶ 十三陵 ·······▶ 奥林匹克公园

第二天上午前往八达岭和十三陵访古。八达岭长城是明长城中保存最好的一段，也是最具代表性的一段，雄伟壮观。爬长城是个体力活，但爬完之后就不会留下"不到长城非好汉"的遗憾了。晚上回到市区，观赏夜色中的鸟巢和水立方。

DAY 3 圆明园 ·······▶ 颐和园

第三天早上前往圆明园，11月上旬前往的话，能在圆明园里看到萧瑟的红叶与残垣断壁互相映衬，增添许多悲壮的色彩。中午可以去附近的东来顺火锅品尝正宗的老北京铜锅涮羊肉，下午前往颐和园游览观光。

12月

赏雪泡温泉

◎香山公园◎海坨山◎什刹海◎昌平小汤山
◎颐和园◎温都水城

12月，在北京看到的已是冬天的景色。光秃秃的树干仿佛再也承担不了雪的重量，被看似轻薄的白雪压弯了腰。北风呼啸，枝头雪粒簌簌掉落，没有了春天的鲜花，没有了夏天的浓荫，没有了秋天的红叶，冬天的北京，只有洁白的雪，好一个清净的世界。这个时候的北京开始让人嗅出老北京四九城的韵味来。不管是故宫还是后海、颐和园或老胡同，都在大雪的映衬下变成了一部史书，尽诉过往。找个时间去观雪泡温泉吧，品味独有的北京味道。

12月亮点1

[香山公园]

最美的是香山初雪，红叶还未来得及告别，就被封进了晶莹的梦里。冬天的香山给人感觉很纯净，远离了喧嚣的都市，摒弃了心中的杂念，全身心地投入自然之中，使人的心灵得到了升华，运气好的话还可以看到一两只不怕游人的小松鼠。

◉ 位置：北京市，海淀区，小西山东麓

12月亮点2

[海坨山]

12月第一场雪来临时，海坨山还不曾做好准备，就成了梦里的模样。初雪洁白素净，显得没有一丝瑕疵。山下有一温泉，水温达42℃，玩累的话可以去泡泡温泉。

◉ 位置：北京市，延庆区，张山营镇北部与河北赤城县交界处

12月亮点3

[什刹海]

冬季的什刹海与夏天迥然不同，曾经的喧嚣也像是被大雪盖住了一样，不见踪影。在什刹海滑冰也是一种快乐，起个大早赶来。大汗淋漓之后，坐在馆子里边喝热豆浆或吃热馄饨，边打量穿梭往来的溜冰者。

◉ 位置：北京市，西城区，地安门东大街

12月亮点4

[昌平小汤山]

小汤山是京北重镇，素有"温泉古镇"之美称，具有地热资源丰富的自然优势。小汤山温泉水中含有多种矿物质和微量元素，它外观淡黄，水质清澈温润。

◎ 位置：北京市，昌平区，小汤山镇

12月亮点5

[颐和园]

12月的颐和园身披白雪，所有关于皇家历史的味道就全部散发出来了。在和煦的冬日里游一游园子，一定也会被这份难得的静谧和悠闲留住脚步……

◎ 位置：北京市，海淀区，新建宫门路

12月亮点6

[温都水城]

景区内可以泡温泉、游玩室内水上娱乐项目，每到冬天，温都水城还会开放滑雪场和戏雪场，非常适合周末时前来休闲度假。

◎ 位置：北京市，昌平区，北七家镇

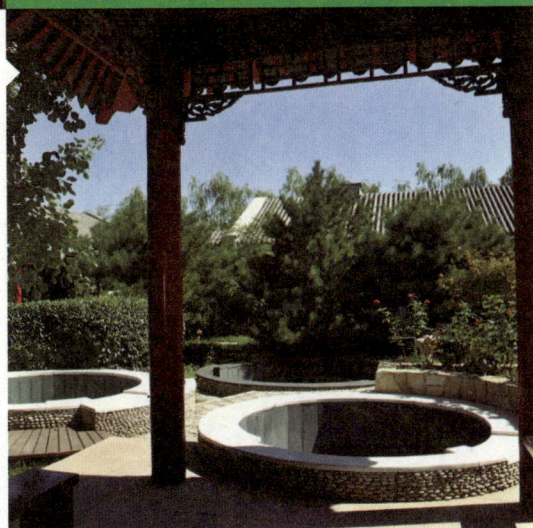

北京初冬 4 日游

推荐理由：京城的冬日虽然比不上秋天的绚丽多彩和春天的生机勃勃，却自有一番情趣。行走在冰天雪地的北京，仿佛一秒就回到了旧时的影像记忆里。

DAY 1　故宫 ······▶ 景山公园 ······▶ 后海

　　第一天早上出发直奔故宫，面对集万千荣耀于一身的皇家宫苑，站在午门之下，昔日皇权的力量便会汹涌而来。如果赶上下雪，就更美了。出了神武门进入景山公园，登顶俯瞰北京中轴线，会感慨北京如罗马一样，亦非一日建成。晚上正好去看看北京夜景最迷人的后海酒吧街，泡泡吧、品品咖啡，酒足饭饱，整个身体都会暖和起来。

DAY 2　恭王府 ······▶ 什刹海 ······▶ 南锣鼓巷

　　第二天早上出发前往恭王府，恭王府曾经是和珅的宅邸，气派非凡的建筑让人叹为观止。参观完再去什刹海，隆冬腊月，什刹海的湖面结起了厚厚的冰层，这里的冰场就会如期开放，打冰球、滑冰刀、滑冰车，在这里能找回北京人的童年记忆。晚上可以去逛逛南锣鼓巷，不少创意商铺、特色小吃和酒吧在等着你的到来。

DAY 3　北京 ······▶ 八达岭长城

　　第三天早起奔赴八达岭长城，不到长城非好汉，八达岭长城作为最著名的长城景区，也是游客们的必到之地。长城西侧有一处八达岭滑雪场，冬天可以来这里滑雪、坐雪橇，淋漓畅快地驰骋在雪原中，享受前所未有的新奇刺激。

DAY 4　小汤山温泉 ······▶ 北京市区

　　第四天可以选一家郊区的温泉去泡泡。昌平区小汤山镇的温泉非常有名，九华、龙脉、红栌等都还不错，这些温泉度假村大都集吃、住、休闲、娱乐于一体，时间充裕的话玩一天一夜都没问题。

○○ 故宫 ◎ 北京胡同 ◎ 南山滑雪场
桃源仙谷 ◎ 云佛山滑雪场

1月

雪国列车

「北风其凉，雨雪其雱。」1月的北京城，持续零下的温度，呼啸的风或天或水，都使体感温度下降，更加寒冷。雪花飘落之后，点点晶光，整个城市也充满了灵性。这个时候，最适合一家大小外出游玩。室内有各种冰场，可以翩翩起舞；京郊，有各种冰瀑、冰河，可以来一场极限挑战。

1月亮点1

[故宫]

逛故宫最好的时候是冬天，特别是冬天下雪的午后，雪覆盖了红墙、石狮、琉璃瓦……唯独剩下这悠悠的历史伴着雪花漫天飞舞。

⚲ 位置：北京市，东城区，景山前街

1月亮点2

[北京胡同]

要说最能了解北京的地方，就不得不提起北京的胡同，胡同里古老的三轮车造型，一秒钟把人带入旧时的北京记忆。1月，到北京的胡同里面寻一份老北京的回忆，这个冬天也变得温暖起来。

⚲ 位置：北京市

1月亮点3

[南山滑雪场]

南山滑雪场拥有高、中、初级滑雪道、教学道和娱雪道，该滑雪场是目前北京周边地区规模最大、设施最先进、雪道种类最齐全的滑雪度假区。在这里可以找到合适的赛道尽情嬉戏。和家人一起听风在耳边呼啸，享受俯冲的快感吧。

⚲ 位置：北京市，密云区，河南寨镇圣水头村

1月亮点4

[桃源仙谷]

每到1月，这里陡峭的山崖被厚厚的一层白冰覆盖，形成了冬季冰雪奇观。桃源仙谷的瀑布也变成了冰瀑，是摄影爱好者们喜爱的天堂，很多攀冰爱好者也把这里当作冬攀的基地。

📍 位置：北京市，密云区，石城镇

1月亮点5

[云佛山滑雪场]

为满足不同级别滑雪爱好者及儿童滑雪的乐趣，特开辟了滑圈道、马拉雪橇、狗拉雪橇等精彩活动，满足人们的不同需求。

📍 位置：北京市，密云区，溪翁庄镇

老北京风情 2 日游

　　推荐理由：本条线路包含了老北京重要的商业市集区，这些街道有的保留了原始风貌，有的旧貌换新颜，从这些地方不难看出老北京经济文化的发展，老百姓的生活发展也一并呈现。

DAY 1   前门大街 ----→ 王府井大街

第一天早餐后前往前门地区游览。前门地区泛指北京前门大街一带，包括前门大街、大栅栏、琉璃厂等众多胡同廊房。午餐后前往王府井大街，王府井大街是著名的"中国第一街"，也是观光客到北京的必游之地，这里有很多大型商场，隐藏了很多美食，晚餐可以在这里一并解决。

DAY 2   故宫 →天坛 ----→ 智化寺

第二天早餐后乘车前往故宫参观。故宫参观完毕后前往天坛游览，天坛在故宫东南方，是明清两代封建帝王举行祭天大典的地方，集中体现了"天圆地方""君权神授"的封建思想。然后前往智化寺参观。智化寺（北京文博交流馆）是一座以促进发展、传播和研究文物、博物馆、民间收藏、文化交流为中心任务的综合性博物馆，有"中国古代音乐的活化石"美誉的"智化寺京音乐"，都是不可多得的瑰宝。

2月

红泥小火炉

2月正值年关，是一年最热闹最喜庆的时候。谁还管窗外数九寒天、大雪飘摇，所有人的心思都集中在一家团圆的温暖氛围中，心情就和天上的烟花一样绚烂。这时候的北京笼罩在浓郁的过节气氛中，全家一起去观景、滑雪，再或者去京郊体验不一样的新年氛围，大概就是最开心的事情了。

2月亮点1

[古北水镇新年]

长城脚下的古北水镇结合"过大年""冰雕"等主题，在大年三十至正月初八将为广大游客提供别具北方年味的娱乐活动。游客可以住在乡间小院，品尝美味的年夜饭、各类特色小吃，还可以带些特色年货回家，与家人一起分享。

⚲ 位置：北京市，密云区，古北口镇

2月亮点2

[雍和宫法会]

法会于每年农历正月二十三至二月初一举行，全体僧人每日在法轮殿诵经。到第七日，僧人们会跳起金刚驱魔舞，法会也随之进入高潮。此外，雍和宫还准备了斋饭，进行舍斋活动，供来到寺内的僧俗受用。

⚲ 位置：北京市，东城区，雍和宫大街

②月亮点③

[地坛逛庙会]

地坛庙会始办于 1985 年，至今已成功举办了 30 多届，其胜景被誉为现代的《清明上河图》和中国的狂欢节。春节期间带着孩子、陪着父母赶庙会是人生的一大乐事。

♀ 位置：北京市，东城区，安定门外大街

②月亮点④

[龙庆峡冰灯]

2 月是龙庆峡最佳的游玩季节，此时可以参与一年一度盛大的冰灯节，延庆古城村的冰雕匠们忙个不停，从破冰、取冰、运冰、堆冰，再到最关键的雕冰，村民们用精巧的手艺、十足的创意，在打造一个美轮美奂的冰雪世界。

♀ 位置：北京市，延庆区，旧县镇古城村北

北京民俗 3 日游

推荐理由：一条极具民俗风情的旅行路线。冬季里春节的氛围日渐浓厚，不妨和家人一起进行一场不一样的旅行，线路不长但是极具特色，可体验不一样的热闹氛围。

DAY 1 　地坛　⸱⸱⸱⸱► 老舍茶馆 ⸱⸱⸱⸱► 天桥剧场

　　第一天早上前往地坛，逛一逛大名鼎鼎的地坛庙会，下午游览老舍茶馆，欣赏民族艺术的精彩演出，晚上可以去天桥剧场观看演出。天桥剧场始建于1953年，是新中国成立后第一家剧院。

DAY 2 　八达岭滑雪场 ⸱⸱⸱⸱► 龙庆峡

　　第二天早上驱车前往八达岭滑雪场，下午前往龙庆峡，这里在春节期间举办冰灯艺术节，还有一系列文化、体育活动。龙庆峡冬季气候寒冷，结冰期较长，利用这独特的自然条件，龙庆峡景区每年冬季都会举办冰灯艺术节。冰灯展期间，山谷中灯火璀璨，千姿百态的冰雕、雪雕流光溢彩，极为壮观。

DAY 3 　八达岭温泉度假村 ⸱⸱⸱⸱► 北京市区

　　第三天前往金隅八达岭温泉度假村，这里的温泉水源自地下2000米深处，出水温度54℃，水质优良，富含人体所需的氟、硫、铁、硅等多种矿物质及微量元素，具有特殊的保健和美肤功效。抵达之后可以泡温泉休闲，休整完毕后下午可驱车返回市区。

主题篇

量身定制

的深度体验

古老的楼宇，斑驳的城墙，春天的百花，秋日的黄叶……远方的世界准备好了故事和酒，等待着你一一探访，想玩什么就选哪个主题，来一次深度体验之旅。

Ⓐ 骑行

◎ 北京西北线 ◎ 北京西线 ◎ 北京北线
北京东北线

寻找最美北京

在城市生活的时间太久，就愈加渴望亲近大自然。骑着单车游走京郊可是最自由最环保的出游方式了。找个凉爽的周末，全身心近距离地穿梭于大自然之中，骑在单车上享受温暖的阳光。

[北京西北线]

健翔桥—昌平—居庸关—八达岭—南口—阳坊—颐和园

平路占大部分，山路主要集中在南口到八达岭，居庸关附近出现陡坡，由于是旅游区，要格外注意游人和车辆。

沿途景区：坦克博物馆、居庸关、八达岭
骑行里程：80 千米
适合人群：初级骑行者

沿途景区：卢沟晓月石碑、宛平城、卢沟桥石狮
骑行里程：75 千米
适合人群：初、中级骑行者

[北京西线]

公主坟—丰台路口—卢沟桥—长辛店—云岗—良乡—周口店—石经山—云居寺

丰台路口到良乡路况不是很理想，石经山一带则有两段 5 千米左右的盘山公路需要爬坡。

沿途景区：银山塔林、被誉为"小西湖"的黄花城水库、四海李仲花农家院
骑行里程：80 千米
适合人群：中、高级骑行者

[北京北线]

奥体北门—立水桥—小汤山—铁壁银山—九渡河—黄花城—四海镇

从兴寿开始到达铁壁银山是连绵的丘陵地带，从铁壁银山到九渡河是 6 千米的连续下山，要注意弯道技巧。黄花城到四海梁隘口有长达 16 千米的连绵盘山陡坡路段，可谓是整个行程中最为艰苦的，到达梁隘口经过几千米的下坡就到四海古镇了。

[北京东北线]

健翔桥—十三陵水库—九渡河—海宇—琉璃庙—怀柔

以山路为主，有较大爬坡和下坡，国道较窄且车多，需注意安全；四海温度较低，适当保暖。

沿途景区：十三陵水库、水长城、云蒙山
骑行里程：185 千米
适合人群：中级骑行者

骑行注意事项

1. 遵守交通规则，骑车必戴头盔，关键时刻可救命。

2. 不要盲目竞速，尤其山地路段，路况复杂，完全没有必要冒险去表现英雄形象。

3. 尽量不要夜间骑行，避免发生危险，而且夜间的充分休息有利于保证白天的骑行计划顺利进行。

4. 饮水、备胎、修车工具要随车携带。

5. 在任何情况下都不要与机动车抢道。

6. 尽量与志同道合的朋友一起进行骑行计划，不仅可以分享乐趣，路上遇到困难时还可以互相帮助。

Ⓑ 端午

京郊特色活动

◎ 黄花城水长城 ◎ 红螺寺 ◎ 柳沟
◎ 意大利农场 ◎ 岳氏庄园

端午节是古老的传统节日，始于中国的春秋战国时期，至今已有 2000 多年历史。端午节流露出的是地道故乡情，是一种古老的传统，是对诗人屈原爱国精神的一种钦佩、赞颂。每年端午节期间北京地区都会有一些特色活动，这些活动无疑是假期游玩的极佳选择。趁着端午三天假期，前往北京感受不一样的端午情怀，品尝美味的粽子，定是种不一样的体验。

[黄花城水长城]

"端午临中夏，时清日复长"， 一年一度的端午节即将来临，水长城景区推出乘游船、赏栗花、品粽香相组合的旅游活动，让游人在水长城度过一个传统与时尚相结合的端午假期。

[红螺寺]

红螺寺有 1600 多年的悠久历史，佛教文化底蕴深厚。游客来到红螺寺景区可以到寺庙为家人祈福，还可参与宝顶赐福、砸金钱眼、敲双喜大铜钟、系福带等活动。

[柳沟]

端午节期间，柳沟艾草基地开展"艾的专题"系列活动，将艾草的中医保健作用和与"爱"谐音的传统文化风俗相结合，制作艾草礼品，开展爱心活动，将艾草文化做活、做深、做出趣味。

[意大利农场]

农场就在北京顺义的马坡镇白各庄村，充满着意大利风情，不需要出国就能享受异域风光。草地、沙滩、树荫、池塘、自助烧烤、沙拉、正宗意大利披萨，构成了家庭休闲、朋友聚会的完美氛围。

[岳氏庄园]

从喧嚣的闹市走进岳氏庄园，就如同来到了一个天然氧吧。在这里，永远能收获惊喜：爬五虎门野长城、穿越原始森林、赏花观瀑；溪边戏水、石上发呆；瓜田李下，捡拾旧日时光；篝火晚会，对歌数星星。闲时来这里度假，体验一场风花雪月的事。

C 赏秋

◎香山公园 ◎鹫峰国家森林公园 ◎百望山
北宫国家森林公园 ◎金海湖 ◎慕田峪长城
八达岭国家森林公园 ◎云蒙山国家森林公园
◎十三陵国家森林公园 ◎上方山国家森林公园
喇叭沟门原始森林 ◎妙峰山

赏红叶好去处

随着阵阵秋风，秋意显得格外浓郁，放眼望去，京郊一片红叶烂漫，迎来了一年中最美丽的季节。赏红叶是深秋的一大乐事，走出门去欣赏一下秋日美景，呼吸几口新鲜空气，拍几张得意的照片，北京的深秋也可以很惬意。从10月中下旬起到11月下旬，都是赏红叶的好时机。

推荐去处1

[香山公园]

香山的红叶久负盛名，被称为北京秋季最"正宗"的赏叶地。由于香山及其周围山坡上种植有大片的黄栌树和枫树，因此每年霜降前后，成片的树叶由满眼的苍翠转变为夺目的深红，漫山遍野，如火似锦，层林尽染，非常壮观，吸引了大批游人前去赏叶踏秋。

最佳观赏时间：香山红叶节期间

推荐去处2

[鹫峰国家森林公园]

秋天的鹫峰是最美丽的，银杏、黄栌、火炬、五角枫……在秋日阳光的装饰下，红得娇艳，黄得明丽，绿得柔和，五彩缤纷，漫山遍野。

最佳观赏时间：10月中下旬进入观赏期，11月上中旬为观赏的最佳时期

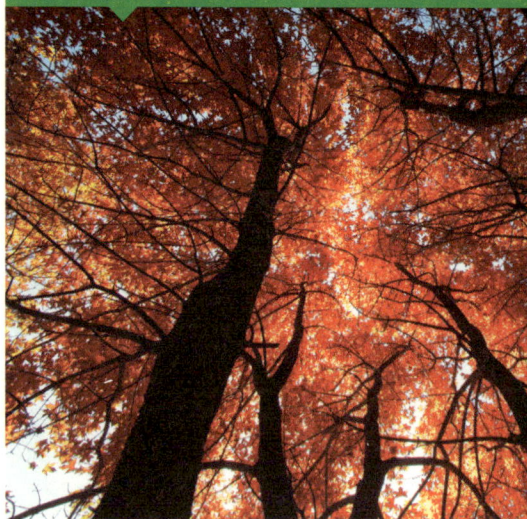

推荐去处3

[百望山]

百望山是距离市区最近的红叶观赏区，这里的红叶已形成了大面积的纯林，是赏红叶、摄影、拍照的最佳场所之一。百望山有"太行前哨第一峰"的美称，每年秋季，百望山都要举办红叶节，红叶节期间近千亩红叶林竞相展艳，红得透亮，红得醉人。

最佳观赏时间：初霜过后，千亩红叶竞相争艳，漫山红遍，层林尽染

最佳观赏时间：霜降节气的前后 10 天内

推荐去处 4
[北宫国家森林公园]

北宫公园内不仅有红叶，还有黄、绿、紫各种颜色的树木，由于同色树木的变色时间不尽相同，不同时间段能够欣赏到不同的景色。每到深秋，枫林路两旁及附近的烟霞岭上五颜六色的斑斓彩叶将山林染成巨大的调色盘，成为北京地区赏枫的又一个胜地。

推荐去处 5
[金海湖]

金海湖风景区是北京地区水域面积最大的综合性水上娱乐场所，三面环山，峰峦叠翠、风景秀丽。有千岛湖的湖光山色，又有兔耳岭的怪石嶙峋，景区周围有"四点一线"红叶观赏区。秋季红叶映衬湖面，曲水流觞别有韵味。

最佳观赏时间：10 月到 11 月

推荐去处 6
[慕田峪长城]

慕田峪长城因其历史悠久、文化灿烂，在中外享有"万里长城，慕田峪独秀"的美誉。进入 10 月，慕田峪长城旅游区内红叶带渐次染色，色彩斑斓的红叶映衬着雄伟壮丽的长城，游客可以尽情享受如梦似幻的长城"枫"情。

最佳观赏时间：10 月到 11 月

推荐去处7

[八达岭国家森林公园]

每逢秋季，这里是北京最早能看到红叶的地方，长城内外层林尽染，绚彩林处色彩最为丰富。这红、黄的基调，又随着节令的变化和生长过程，演化出嫩红、粉红、淡黄、橙黄等，将整个八达岭变成了灿烂缤纷的秋色世界，让这里成为登长城赏秋叶的好去处。

最佳观赏时间：10月初到11月初

推荐去处8

[云蒙山国家森林公园]

云蒙山枫树种植面积较大，主要观赏树种有五角枫、黄栌、火炬等。等到秋叶红尽之时波澜壮阔，蔚为壮观。

最佳观赏时间：10月20日将陆续泛红，逐渐进入最佳观赏期

推荐去处9

[十三陵国家森林公园]

公园内有黄栌、元宝枫、火炬、地锦等十余种彩色树种。每到金秋时节，燎原的红色便弥漫在群山之中，红、黄、橙，独属于秋天的色彩发生不同层次的碰撞，视觉效果令人惊艳。

最佳观赏时间：从10月开始，一直持续到11月底

[上方山国家森林公园]

公园每年 10 月举办金秋赏红叶活动。深秋季节的上方山，秋山明净面如妆，山谷中的枫树、橡树、黄栌等有色树种争奇斗艳，娇艳夺目。登山顶观日出也非常不错。

最佳观赏时间：金秋赏红叶活动期间

推荐去处11

[喇叭沟门原始森林]

一到金秋时节，以白桦林、原始橡树林、落叶松林、枫树林为主的植被就会呈现出一个立体、多彩、绚丽的世界。

最佳观赏时间：10 月至 11 月

推荐去处12

[妙峰山]

进入 10 月，妙峰山漫山红遍，五彩斑斓。妙峰山每年都有的红叶节，是京西地区的一项传统活动。独特的地理环境和气候条件使这里的红叶似火，衬着金黄和翠绿，枫林、松林、杏林、黄栌等万叶斑斓，层林尽染，十分壮观。

最佳观赏时间：10 月中旬至 11 月底

D 温泉

○北京顺景温泉酒店◎蓝调薰衣草温泉
○军都温泉◎御林汤泉度假村
尚隐·泉都市生活馆◎瑞麟湾温泉度假酒店

北京泡汤好去处

从古至今，温泉都是人们最喜爱的放松休闲方式之一。「神女殁幽境，汤池流大川。」「地底烁朱火，沙旁敲素烟。」「沸珠跃明月，皎镜涵空天。」「濯缨掬清泚，晞发弄潺湲。」这是唐代著名诗人李白写的一首流传千古的温泉诗中的几句。温泉，不仅能滋润皮肤，还对失眠、高血压、心脏病、风湿、心血管等病症有一定的治疗效果。时值冬季，温泉更是到了旺季，越来越多的人喜欢在皑皑的白雪之下，泡在暖暖的温泉之中。

推荐去处 1

[北京顺景温泉酒店]

英国吉尼斯总部权威认证"全球最大室内温泉",其中最具特色的要数其溶洞区的汤池环境,数万年各异钟乳石、石笋,仿入梦境。

地址:北京市,朝阳区,北四环东路

推荐去处 2

[蓝调薰衣草温泉]

采用欧式田园风格建筑形式,把西方泡汤文化与香薰 SPA 美疗、中药浴相结合,能领略到养生的真正内涵。室内通过各种浪漫装饰的环境,因地制宜地提供薰衣草温泉浴。

地址:北京市,朝阳区,金盏乡楼梓庄蓝调庄园

推荐去处 3

[军都温泉]

军都温泉位于军都旅游度假村内,利用室内宏大的立体空间,营造出一种错落有致、四季如春、溪流潺潺、曲径通幽的令人赏心悦目的舒适环境。军都温泉水井,深度为 3616.08 米,井底水温为 56℃,乃温泉之上品。

地址:北京市,昌平区,水库路

[御林汤泉度假村]

御林汤泉度假村集旅游、观光、康体休闲、会议、采摘为一体，有多种形式的温泉客房，可以全身心得到放松。这里还种有有机果品，适合生态旅游观光。

📍 地址：北京市，昌平区，小汤山镇国家农业科技示范园西区最北端

[尚隐·泉都市生活馆]

韩式温泉，冬季和周末客流量非常大。室内洗浴设施齐全，温泉汤池位于室外，有专门的儿童游乐区。

📍 地址：北京市，丰台区，双林东路8号

[瑞麟湾温泉度假酒店]

酒店以生态自然、健康养生、高雅休闲的温泉为经营特色，室内以东南亚热带雨林为建筑风格，共设40多个泡池；室外是日式露天温泉风格。

📍 地址：北京市，顺义区，南彩镇顺平辅路

泡温泉注意事项

1. 不要泡得过急，要从水温较温和的池水开始浸泡。也不要泡得过热过久，要及时让身体露出水面或离水歇息。

2. 温泉温度高，浸泡后会有出汗、口干、胸闷等不适感，这是血液循环过快的正常反应。此时调换凉水浸泡或上水静养稍许，并多喝水即可舒缓。

3. 患有心脏病、高血压者应约伴一同浸泡，如有不适应立即上水静养。

4. 患癌症的人，不适合泡温泉，因为容易刺激新陈代谢，使身体很快变衰弱。

5. 如果有得急性感冒、急性疾病及传染病的人，最好不要去泡温泉。

6. 女生生理期来时或前后，怀孕的初期和末期，暂时不能泡温泉。

7. 饥饿时不可浸泡，因空腹易致疲劳，需饭后小睡或稍休息再行浸泡。

8. 酒后需熟睡养息后才能浸泡，否则刺激血行，致使体力消耗殆尽，恐生意外。

9. 长途跋涉疲劳过度，不可骤然入温泉，需稍事休息，待体力恢复后再行浸泡。

泡温泉小常识

1. 淋浴洁身：先进浴室淋浴，洁净全身。

2. 试探水温：用手脚探测水温是否合适，切忌直接跳入水池。

3. 脚先入水：先泡双脚，再用双手不停地将水温泼淋全身，适应水温后再全身浸入。

4. 先温后热：露天池水温各异，从低温到中温，循序渐进，逐步适应温泉水温度。

5. 掌握时间：每次入池以 15 分钟为宜，间隔数分钟后方可再浴，如感觉胸闷、头晕、口干，可能是水温太高所致，可在池边休息片刻，喝上几口碧泉茶，身体很快就可以恢复。

6. 放松心情：泡温泉时可闭上双眼，试着冥想，缓缓地深呼吸数次，达到释放身心压力的效果。

7. 注意事项：泡温泉时不要同时按摩，因为泡温泉时身体的血液循环和心脏的跳动次数都加快，如果同时按摩会加大心脏的负担。泡温泉前一定要把身上的金属饰品摘下来，否则首饰会被泉水中的矿物质"染黑"。

8. 清水冲身：浴后如用温泉水冲洗全身。温泉水中含矿物质，泡过温泉后尽量少用淋浴液，用清水冲身更有利于保持附着在皮肤上的矿物质。

9. 妙用温泉：

半身浴法：肝脏以下部位浸泡于温泉中，可调整体温，有益于内分泌的平衡。

瘦身小秘方：泡汤时以浸泡 15 分钟、起身 5 分钟、再浸泡 15 分钟为原则，反复 2～3 次，且浴后 1 小时内不进食，持之以恒，效果良好。

美容：在热腾腾的温泉池里，爱美的女性可以敷上面膜，或用冷毛巾抹抹脸，更有利于美容。

E 滑雪

滑雪正当时

◎乔波室内滑雪馆◎云佛山滑雪场◎怀北国际滑雪场◎军都山滑雪场◎石京龙滑雪场◎八达岭滑雪场

随着天气越来越冷，一年的喧嚣也渐渐消退，然而一颗热烈的心却怎么也不会就此沉寂下来，冬天最不能错过的运动就是滑雪了，置身于被茫茫白雪包裹的银色世界，尽情地在雪场驰骋，这个冬天一样充满温暖。

推荐去处 1

[乔波室内滑雪馆]

滑雪馆设有单板公园、初级滑雪道、中级和高级滑雪道等四项设施，还专门为孩子们设计了儿童戏雪乐园，使他们在冰雪的童话世界中充分发挥活泼天真的本性。非常适合带孩子来一起玩耍，是冬季家庭亲子游的极佳选择。

地址：北京市，顺义区，顺安路

推荐去处 2

[云佛山滑雪场]

目前是华北地区规模大、设施齐全的绿色滑雪场。拥有国际标准 1000 米的高级滑雪道，可尽情体验距离带来的痛快与刺激。如果技术尚未纯熟，那就请一位高级滑雪教练来指导，迅速掌握滑雪技巧，尽享冰雪乐趣。

地址：北京市，密云区，溪翁庄镇

推荐去处 3

[石京龙滑雪场]

是北京周边地区第一家、规模最大、设备设施齐全、全国最先采用人工造雪的滑雪场。滑雪场全面推出雪桑拿、温泉浴新项目，这在中国雪场是独一无二的体验，对消除滑雪者运动后的疲劳、恢复体能有极佳作用。

地址：北京市，延庆区，张山营镇中羊坊

[怀北国际滑雪场]

这里23座敌楼与慕田峪长城绵延相接，餐厅、咖啡厅、芬兰木屋别墅打造欧洲滑雪小镇风情。在雪场任何一个位置都可以看到雪场四周的古长城烽火台，南侧山峰上的"夹扁楼"烽火台是万里长城中独具一格的景观，只有在北京怀北国际滑雪场才能看到这一建筑奇迹。

📍 地址：北京市，怀柔区，怀北镇河防口村

[军都山滑雪场]

目前是北京地区规模最大的滑雪场之一，夜场滑雪是军都山滑雪场的一大亮点。夜场滑雪场笼罩在浓浓的金色灯光之中，同时高级道练习区夜场亦同步开放，挑战京城夜场之最，享受月光下滑雪的浪漫情怀。

📍 地址：北京市，昌平区，崔村镇真顺村

[八达岭滑雪场]

八达岭滑雪场除滑雪外，还有雪地桑拿、徒步冰川猎奇、横穿冰湖等休闲娱乐项目。寒冷的冬季，夜色降临，月光与灯火交相辉映后洒落在银色的雪地上，美不胜收。

📍 地址：北京市，延庆区，八达岭镇

滑雪准备常识

1. 要及时关注当地的气候情况，以防天气突变。

2. 初到雪场时应先了解滑雪场的大概情况，要仔细了解一下雪道的高度、坡度、长度、宽度及周边的情况，根据自己的滑雪水平来选择相应的滑道。熟悉雪场设施的分布位置、出事获救情况，并严格遵守滑雪场有关安全管理的规定。注意索道开放时间，在无人看守时切勿乘坐。

3. 初练滑雪应注意循序渐进，量力而行。在训练期间要按教练和雪场工作人员的安排和指挥去做，在未达到一定水准时，不要擅自到技术要求高的雪区滑雪，以免发生意外。

4. 在滑雪时，要注意与他人保持一定的间距，以免碰撞。人员较多时应调节好速度，不要过快过猛。

5. 滑雪是较为复杂的运动，滑雪前要进行一些简单的准备活动。

6. 在区域较大的雪场滑雪时应早去早回，尤其在身体疲劳时，很容易迷路。

滑雪照片拍摄技巧

映照蓝天式

蓝天和皑皑白雪形成的鲜明色调对比，会让整个镜头捕捉到更加鲜艳的色彩，这时候如果是艳丽的滑雪服和雪板，在既安全又能保证拍摄的情况下，照相机与地面的角度应尽量大，就能拍到动感十足的照片，而且照片看起来更有张力。

逆光拍摄

这种照片适合日落和日出的时候捕捉，色调更加自然，滑雪者应逆着光，拍摄滑雪者的剪影，形成另类的表现方法。因为是剪影，所以滑雪者的服装颜色也就没有过多要求。光影结合的方式增加照片的质感。

连拍拍摄

很多朋友没有专业的拍摄设备，捕捉不到专业清晰的运动图片。拍摄类似滑雪运动的图片对设备也有一定的要求。照相机都有连拍功能，自动捕捉短时间内的多张图片，5 连拍、10 连拍后再选出定格清楚的图片也是一种方法。也可以用连拍的照片做成流水图。

准确占位

特定于拍摄滑雪比赛照片时，一般在旗门中下方段位拍摄最佳，因为滑雪者往往会在此时做出漂亮的动作，四溅的雪花也是重要的照片组成部分。

F 庙会

庙会年味儿浓

◎地坛庙会◎红螺寺庙会◎大观园红楼庙会◎欢乐谷春节庙会◎厂甸庙会◎万丰小吃室内庙会◎龙潭公园庙会◎八大处庙会◎古北水镇庙会

北京这个城市有着浓厚的古典韵味，每年春节期间会举行一些传统的民俗庙会活动，逛庙会也将提上日程。想想那喷香的芝麻酥、金黄的炸藕合、酸甜的冰糖葫芦……口水直流，可谓是一饱眼福、口福！不仅有各种特色小吃，还有各种文艺活动以及适合不同年龄的娱乐项目。

推荐去处①

[地坛庙会]

庙会邀请了便宜坊、护国寺小吃等餐饮老字号，以及毛猴、兔儿爷、蔚县剪纸等非遗手工品入驻，展现不同地域特色。仿清祭地表演是地坛庙会独有的传统节目，再现了清代皇帝祭地，祈求地神保佑、国泰民安、风调雨顺、五谷丰登的景象。

时间：农历正月初一至初五

推荐去处②

[红螺寺庙会]

传统民乐、佛教音乐等人们喜闻乐见的乐曲为游客奉上一场视听盛宴。同时，景区部分宫灯走廊内悬挂各种趣味灯谜，还能欣赏梅花绽放的美丽景观。

时间：农历正月初一至初六

推荐去处③

[大观园红楼庙会]

大观园因《红楼梦》而拥有厚重的文化底蕴。红楼庙会是北京庙会中唯一以"红楼梦"为主题的特色庙会。元妃省亲大型古装仪仗表演为红楼庙会独有的传统特色节目，场面壮观，十分值得欣赏。

时间：农历正月初一至初五

推荐去处 4

[欢乐谷春节庙会]

有火龙钢花、奇妙高跷等四大民俗绝技，年味花灯点亮京城夜色。更有戏剧以及杂技演出，美味儿十足的各地美食美味，让人体会到浓郁的年味。

时间：农历正月初一至十五

推荐去处 5

[厂甸庙会]

厂甸庙会始于明朝嘉靖年间，每年庙会期间，热闹非凡。庙会以书籍古玩、字画文具独秀于林，自古便以"文市"著称。庙会的主要内容有舞狮、传统民族花会、民间手工艺展等。

开放时间：农历正月初一至初五

推荐去处 6

[万丰小吃室内庙会]

元宵节有灯会活动，再现吆喝叫卖、吹糖人、画糖画、捏面人、糊风车、北京毛猴等传统庙会活动景象。室内庙会不受天气的影响，庙会期间还推出多种特惠及互动游戏。

时间：农历正月初一至初六

推荐去处7
[龙潭公园庙会]

龙潭公园庙会的春节气息十分浓郁，各种精心设计的民俗表演、花会、车展等内容又增添了一份中国年的节日气氛。庙会以体育文化为特色，更将棋类、杂技、太极表演融为一体，其间还有丰富小吃，热闹非凡。

时间：农历正月初一至初五

推荐去处8
[八大处庙会]

八大处公园庙会是北京城区内唯一一个有庙有会的庙会，新年祈福大法会、十三档花会拜庙走会、群众文化演出等活动精彩纷呈，给游客准备了一场传统庙会与浓厚年味交织的盛筵。

时间：农历正月初一至初六

推荐去处9
[古北水镇庙会]

长城脚下的小镇重现热闹祥和的边关庙会，庙会集市、庙会小吃、庙会巡游、庙会演绎，为你准备一场年味十足的百姓盛宴。在民宿过大年，可以泡个温泉，吃吃火锅，再去登长城祈福、看看灯光秀，充分体验北方浓浓的年味儿。

时间：农历正月初一至十五

区域篇

每个地方

都有如画的面孔

这里底蕴厚重，这里是文明古都，这里有最美的风景，这里有热情好客的人们……每个城市各有不同，同一个城市也有不同的面孔。

A 北京市区

北京老城好风光

天安门、故宫、颐和园……北京市区内的旅游景点人们耳熟能详，来了北京一定要在北京的市内走一走，去看一看市内的这些旅游景点，感受一番岁月的沧桑变化，找寻一番深藏记忆深处的景点，感受一番老北京味道与时代交融一起的独特风情。

◎故宫 ◎景山公园 ◎天安门广场 ◎中山公园 ◎柳荫公园
◎陶然亭公园 ◎恭王府 ◎什刹海风景区 ◎北海公园
◎北京动物园

故宫 四季皆宜

　　故宫位于北京市中心，旧称紫禁城。它始建于明朝永乐四年（1406年），永乐十八年（1420年）建成，前后历时14年。故宫的整个建筑金碧辉煌、庄严绚丽，被誉为世界五大宫之首（北京故宫、法国凡尔赛宫、英国白金汉宫、美国白宫、俄罗斯克里姆林宫）。

　　故宫共有宫殿8700多间，多是木结构、黄琉璃瓦顶、青白石底座，饰以金碧辉煌的彩画。现存建筑物，绝大部分是清朝前期重建的。现在，故宫收藏有大量古代艺术珍品，是中国收藏文物最丰富的博物馆，其中很多文物是绝无仅有的无价国宝。

🏠 北京市东城区，从天安门往北经端门可走到故宫南门（午门），故宫北门（神武门）在景山前街4号

Ⓐ 地铁1号线天安门（东、西）站下

Ⓢ 旺季（4月1日至10月31日）60元，淡季（11月1日至次年3月31日）40元。钟表馆10元，珍宝馆10元
故宫不售当日票，所有观众须实名在"故宫博物院"小程序平台预约

🕐 旺季8:30—17:00，淡季8:30—16:30，周一闭馆

周边美食：故宫餐厅

　　故宫餐厅位于故宫钟表馆附近，这家餐厅其实有点像茶餐厅，比较像一茶一座的感觉，不嘈杂，很舒服，木色调也不错。店里提供咖啡饮料、饭和面食等，味道让人惊艳，一点没有普通旅游景点餐厅的凑合感觉，分量也可以，一份主食在 40 元左右。

⌂ 北京市东城区景山前街 4 号故宫博 物院内景运门南（钟表馆）

⑤ 人均 70 元

☏ 010-65285179

景山公园 春夏秋适宜

　　景山公园是我国历史最悠久、保存最完整的宫苑园林之一，曾经是皇宫的重要组成部分。景山公园位于北京城的中心，始终保留着辽代的山、金代的围墙和宫门；元、明、清三代的古建筑群落保持完整。登上景山，俯瞰北京，古都风貌尽收眼底，美不胜收。景山园林特色是有牡丹、芍药等花卉几万株，景山春天有牡丹展、夏天有荷花展、秋天有秋实秋菊展，三季花团锦簇，四季松柏常青。

⌂ 北京市西城区景山西街 44 号

Ⓐ 乘 111、124 路在景山东门站下车可到

⑤ 2 元，牡丹花节 10 元

🕐 6:30—21:00

周边美食：皇家冰窖小院

　　离景山西门不远的胡同里，藏有建于清末，为清皇室所用的恭俭冰窖。就餐环境很有特色，餐厅提供一些美味的皇家京菜。

⌂ 北京市西城区恭俭胡同 5 巷 5 号

⑤ 人均 80 元

☏ 010-64011358

天安门广场 春夏秋适宜

　　天安门广场是世界上最大的城市广场，是中华人民共和国举行重大庆典、盛大集会和外事迎宾的神圣重地。它南北长 880 米，东西宽 500 米，面积达 44 万平方米。广场两侧分别是人民大会堂和中国国家博物馆。广场内沿北京中轴线由北向南依次矗立着国旗杆、人民英雄纪念碑、毛主席纪念堂和正阳门城楼。

🏠 北京市东城区长安街

🅰 乘地铁 1 号线到天安门西下；乘地铁 2 号线到前门下；乘 2、5、20、10 等路公交在前门或前门西下

💲 免费。需预约参观，游客可通过"天安门广场预约参观"微信小程序进行预约。

周边景点：前门大街

　　游玩天安门周边后，可以前往前门大街一带。在古代，京城有 20 个城门——内九、外七、皇城四。大前门又叫九龙口，是过去皇室祭天时皇帝、皇后走的地方。顺着前门大街北口往南走，可逛众多的老北京特色老字号商铺。前门大街是北京的旅游打卡地之一，可感受老北京的人文气息和历史古韵。

🏠 北京市西城区前门街道

🅰 地铁 2、8 号线前门站下往南或 7、8 号线珠市口站下往北

中山公园 四季皆宜

中山公园原是明清时期的社稷坛，也是中国现存的唯一封建帝王祭祀社稷神的祭坛。它位于天安门西侧，与故宫仅一墙之隔，原址是辽、金时代的兴国寺，元代改称万寿兴国寺，明永乐十八年（1420年）改建为社稷坛，成为以后历代皇帝祭祀土地神和五谷神的地方。1914年被辟为中央公园。1928年，为纪念伟大的革命先行者孙中山先生，将其改名为中山公园。新中国成立后，人民政府在保留原建筑的基础上，对其进行了大规模建设，使得园内面貌焕然一新。如今古木参天、环境优美的中山公园成为首都人民娱乐休闲和举行重大文化活动的场所。

🏠 北京市东城区中华路4号（天安门西侧）
🚇 乘地铁1号线到天安门西站下车可到
💲 3元，花展联票5元（含唐花坞、蕙芳园）

周边景点：国家大剧院

位于天安门广场西侧的建筑就是国家大剧院。大剧院建筑独具特色，内外部空间都很有建筑美感。这里不仅有世界级的演出可以买票观看，还有不少艺术小展览可以参观。

🏠 北京市西城区西长安街2号
🚇 位于天安门广场西侧，可步行前往

柳荫公园 四季皆宜

　　柳荫公园占地面积 17.47 公顷，其中水面约 7 公顷。柳荫公园的标志是常青的柳树，因夏天柳树成荫而得名，公园内有古老的石磨、碾子以及美丽的小村庄，是老年人与小孩常去的地方。公园里还有大型玩具，适合小孩游乐。

　　经过多年的发展，柳荫公园形成了两大特色：一是北京市内唯一一座具有田园风光的山村野趣公园；二是以"柳"取胜，是一座小而美的庭院式公园。

🏠 北京市东城区黄寺大街 8 号
Ⓐ 乘 113 路、123 路，外馆斜街站下车可到达公园北门
Ⓢ 免费开放

周边休闲：三忘湖

　　位于柳荫公园里的这家咖啡馆很值得一去，店名来源于孔子的"三忘"。咖啡馆整体环境非常优美，内部布置舒适，还有个很美的小画室可以参观。坐在窗边，点杯咖啡，来点简餐，简单的美味油然而生。

Ⓢ 人均 50 元
📞 010-84226366

陶然亭公园 四季皆宜

公园因陶然亭而出名。陶然亭为中国四大历史名亭之一，建于清康熙年间，由时任工部郎中江藻督建。亭上有苏式彩绘，屋内梁栋饰有山水花鸟彩画。两根大梁上绘《彩菊》《八仙过海》等，亭上有三大匾。陶然亭建成后，江藻常邀请一些文人墨客、同僚好友到陶然亭上饮宴、赋诗，这里变成了文人雅集的地方，因此留下的诗文很多，秋瑾、龚自珍等都曾在陶然亭上留下诗文。

🏠 北京市西城区太平街 19 号
🅰 乘地铁 4 号线陶然亭站下，步行前往北门
$ 2 元
🕐 6:00—22:00，园中园华夏名亭园 9:00—17:00，慈悲庵 9:00—17:00（16:30 停止卖票）

周边美食：北平食府（陶然亭店）

很亲民的家常菜馆子，透着北方人的实在劲儿。菜很快，服务也还好，做的都是适合大众的菜品，味道也很不错。炸酱面算是比较地道的一家，面很筋道，菜码儿也全。价格不算贵，性价比较高。

🏠 北京市西城区陶然亭路 12 号京都瑞成大厦
$ 人均 90 元
📞 010—83510568

恭王府 四季皆宜

　　恭王府始建于清乾隆四十一年（1776 年），是清代规模最大的一座王府，最早为和珅的宅第，称"和第"。和珅死后，为嘉庆皇帝胞弟庆郡王永璘所有。咸丰元年（1851 年），宅邸三易主人，属恭亲王奕訢所有，自此称"恭王府"。20 世纪 90 年代，恭王府对外开放，现为国家重点文物保护单位。历史学家侯仁之说："一座恭王府，半部清朝史。"它由多个四合院组成，分东中西三路：中路有三座建筑，即大殿、后殿、延楼，是王府的主体建筑；东、西路各有三个院落；最后面是花园。

🏠 北京市西城区前海西街 17 号
Ⓐ 乘地铁 6 号线，北海北门站出 B 口，走三座桥胡同前行约 200 米可到
Ⓢ 40 元。参观须提前预约，可在微信公众号"恭王府博物馆"中提前 10 天预约。
🕐 旺季 8:30—17:00，淡季 9:00—16:00（周一关闭）

周边美食：院落新京菜

　　紧邻地铁站，交通方便，为地安门内大街的一家京味菜馆。整体环境是一座院落四合院，很有特色。菜品主要以老北京菜为主，北京烤鸭、熘肝尖、乾隆白菜等京菜比较地道。

🏠 北京市西城区地安门西大街 119 号
Ⓢ 人均 100 元
📞 010-66570747

什刹海风景区 四季皆宜

　　什刹海也叫"十刹海"，因四周原有十座佛寺而得名。元代名海子，为一宽而长的水面，明初缩小，后逐渐形成三海水道相通的景致。自清代起就成为游乐消夏之所，夏可划船冬可滑冰。三海碧波荡漾，岸边垂柳毵毵，远山秀色如黛，风光绮丽，为燕京胜景之一。其与中南海水域一脉相连，是北京内城唯一一处具有开阔水面的开放型景区，也是北京城内面积最大、风貌保存最完整的一片历史街区，在北京城规划建设史上占有独特的地位。

🏠 北京市西城区
Ⓐ 乘地铁 8 号线什刹海站下可到
Ⓢ 免费

周边景点：钟鼓楼

　　老北京有句老话："南起永定观日出，北至钟鼓夜夜鸣"，这里的"钟鼓"便是钟鼓楼。位于北京中轴线上的钟鼓楼是老北京著名的历史文化遗存，北为钟楼，南为鼓楼。历史上，钟鼓楼晨钟暮鼓，记录着北京城的日月轮转。现今，两座楼都可以买票登楼参观。

🏠 北京市东城区钟楼湾胡同临字 9 号
Ⓐ 地铁 8 号线什刹海站下，往北步行前往

北海公园 四季皆宜

北海公园位于故宫西北角，与景山公园仅一路之隔。最初这里是永定河故道，其开发始于辽代。金世宗时（1161—1189年）建琼华岛，基本奠定了今天北海公园皇家宫苑的格局。后经元世祖忽必烈、明宣宗朱瞻基多次扩建和修缮，将此处建成我国现存最古老、最完整、最具综合性和代表性的古典园林之一。它布局之新颖，风格之别致，文物之浩繁，让世人为之慨叹。遗憾的是，1900年八国联军侵入北京时，北海也惨遭践踏。1925年，北海被开放为公园，经大规模整修后，呈现出一派诗情画意的旖旎风光。

🏠 北京市西城区文津街1号
Ⓐ 乘地铁6号线北海北站下
⑤ 旺季10元，淡季5元
🕐 11月、12月、1月—3月：6:30—20:00；4月—10月：6:00—21:00

周边美食：仿膳饭庄

从进门的大四合院到用膳大厅，都是皇家气派，饭庄有一个开阔的院子，等位在里面的一个中式装修的大厅里，拐进去走到底是满汉全席的招牌。菜品精致美味，这里的点心作为伴手礼是非常不错的选择。

🏠 北京市西城区北海公园北门内九龙壁前
⑤ 人均200元
📞 010-64042573

北京动物园 四季皆宜

　　北京动物园是我国最大的城市动物园，从清光绪三十二年（1906 年）建园至今已有逾百年的历史。动物园中的动物品类丰富，有我国特产的珍贵动物大熊猫、金丝猴、东北虎、白唇鹿、麋鹿、矮种马、丹顶鹤等，也有来自世界各地代表性的动物，如非洲黑猩猩、澳洲袋鼠、美洲豹、墨西哥海牛、无毛狗、欧洲野牛等。动物园还建有两栖爬虫馆，内有大小展箱 90 个，其中有世界上最大的鳄鱼——湾鳄。

🏠 北京市西城区西直门外大街 137 号
🅐 乘坐地铁 4 号线在北京动物园站下车可到
Ⓢ 旺季 15 元，淡季 10 元
🕐 旺季 7:30—19:00，淡季 7:30—17:00

周边休闲：中国国家图书馆

　　中国国家图书馆是世界最大、最先进的国家图书馆之一。这里是全国藏书最多的图书馆，几乎大部分书籍都可以在这里找到。对于生活在北京的人来说，这里更像是一个超大的自习室，很多人在此充电学习，很有文化氛围。凭身份证可免费办理图书馆借阅卡。

🏠 北京市海淀区中关村南大街 33 号
🅐 地铁 4、9、16 号线国家图书馆站下即到

交通

飞机 / 首都机场

首都机场位于北京东北郊约 30 千米的天竺镇，有 3 个航站楼、3 条跑道，是中国规模最大、最现代化的国际航空港。有近百家国内外航空公司在此运营，通航城市 200 多个，每天有近 1700 个航班。

T1 航站楼：规模较小，约有 10 个登机口。

T2 航站楼：规模较大，可同时停靠 20 架飞机。

T3 航站楼：于 2007 年建设完工，规模更为庞大，同时承担着国内和国际航班的服务。

前往机场的交通

出租车：乘坐位置如下。T1 航站楼，一层 1 号门外中车道；T2 航站楼，一层 5 ~ 9 号门外中车道；T3 航站楼，请参照航站楼内指示牌。到市区（东直门）约需 80 元。

机场快轨：东直门—三元桥—T2 航站楼（T3 航站楼）。票价 25 元。东直门首末车时间：6:00—22:30；T3 航站楼首末车时间：6:20—22:50。

机场巴士：市内线路有 16 条，票价分 20、25、30 元三档。抵达机场时，先到 T3 航站楼再到 T2、T1 航站楼。省际线路有 7 条。

机场内部交通

机场旅客捷运系统：位于 T3 航站楼，和轨道交通类似，发车间隔为 3 分钟，旅客从 T3 航站楼办票大厅到国际候机区约需 4 分钟。

机场内部免费大巴：T1 航站楼（1 层 7 号门外）、T2 航站楼（1 层 7 号门外）距 T3 航站楼（到达层 5 号门外）之间有免费大巴连接，车程约 15 分钟。

飞机 / 大兴机场

大兴机场位于北京市大兴区与河北省廊坊市广阳区交界处，有"三纵一横" 4 条跑道，共开通国内外航线 100 余条。

前往机场的交通

城际铁路：可在北京西站乘坐京雄城际铁路直达机场，全程约需 20 分钟。

机场快轨：可在草桥、大兴新城乘坐大兴机场线，全程约需 19 分钟。

机场巴士：北京站、北京南站、北京西站、通州、房山有发往机场的直达巴士。

铁路

北京主要的火车站有北京站、北京西站、北京南站，另有北京丰台、北京朝阳、北京大兴、北京北等火车站。购票可通过互联网或电话，也可在火车站或火车票代售点（手续费 5 元）购买。购买火车票一般可提前 20 天，但春运期间通常会有变动。节假日和大学生开学期间通常票源紧张。

北京站：主要担当京沪线、京哈线、京包线等铁路的客运。发往哈尔滨、长春、沈阳、大连等地的动车，都从北京站发出。北京站还有开往朝鲜平壤、蒙古乌兰巴托、俄罗斯莫斯科的国际旅客列车。地址：东城区北京站街南端，地铁 2 号线可到。

北京西站：主要担当京九线、京广线、京广高铁、陇海线、京原线等铁路的客运。出发的列车覆盖华南、西南、西北等地区。北京西站有直达香港九龙的列车。地址：丰台区广莲路 19 号，地铁 7、9 号线可到。

北京南站：主要担当京津城际高铁、京沪高铁以及东北方向高速列车的客运。每天有大量发往天津、上海方向的高速列车。地址：东城区永外大街 12 号，地铁 4、14 号线可到。

公路

北京有多家长途汽车站。六里桥客运主枢纽是目前北京最大的客运站点。此外，四惠客运站、赵公口站、木樨园站、东直门枢纽站都是北京市内较大的客运站点。

六里桥客运主枢纽是集省际客运、公交、出租、社会车辆、地铁等多种换乘方式于一身的综合客运枢纽，首创在站内实现无缝接驳模式。目前客运主枢纽的车次可通达吉林、河南、山东、山西、江苏、浙江、安徽等多个省市自治区。地址：丰台区六里桥南里甲 19 号，地铁 9、10 号线可到。

自驾车

北京城区道路是棋盘式格局，横平竖直，公路网络非常发达，车流量较大，拥堵时段较多，不太建议自驾游览市区景点。

市内交通

出租车：北京有出租车 8 万多辆。出租车司机服务热情、规范。乘车时，您有权要求司机使用计价器，下车时应索要发票。计价方式：起步价 13 元 3 千米，3 千米后 2.3 元 / 千米。

地铁：北京地铁已开通的线路有二十多条。北京地铁实行阶梯票制，起步 3 元 6 公里，机场快轨 25 元。可用一卡通（进出站均刷卡）乘车。

公交：北京市公交体系庞大，线路上千条。票价 10 千米（含）内 2 元，10 千米以上部分，每增加 1 元可乘坐 5 千米。

共享单车：常见单车品牌遍及京城的大街，扫码按指示乘车。

网约车：是目前除城市出租车外用户最多的叫车方式，上下班高峰期和偏远乡村叫车较难。

小贴士 ▶▶

为节能减排，北京自 2014 年起开始实行交通管制。本市车辆在工作日 7 时至 20 时高峰时段区域限行，限行范围为六环路（不含）以内道路和通州区全境。外省区市车辆进入六环路（不含）以内道路行驶的，须办理进京通行证件，在工作日 9 时至 17 时执行高峰时段区域限行，限行范围为五环路（含）以内。车牌尾号轮换方式为 13 周轮换一次。

美食

前门大街

前门大街上汇集着京城的许多老字号饭店，比如全聚德烤鸭店、都一处烧麦等。这些老字号饭店是外地游客到北京品尝美食的必去之地。

东直门簋街

簋（guǐ）街是北京最早火起来的美食街，沿街各种美食商铺林立，麻辣小龙虾是这里的主打。一到晚上，这里人声鼎沸，热闹非凡。

牛街小吃

牛街小吃是北京最著名的清真美食街之一。马记糖葫芦、白切年糕、洪记包子、宫廷香酥牛肉饼、大益烤鸡、奶酪魏、吴裕泰茶庄……可从街头吃到街尾。

什刹海

什刹海的美食集中在四合院里的九门小吃。这里汇集了月盛斋、爆肚冯、茶汤李、年糕钱等十几种老字号，口味儿绝对不打折。

护国寺小吃

北京地方小吃的代表之一，以其品种丰富、特色突出、具有深厚的历史文化底蕴而著称。目前多以护国寺小吃连锁店的形式呈现。在这里，能吃到艾窝窝、豌豆黄、豆面糕、蜜麻花、豆汁、焦圈、面茶等。

购物

王府井步行街

王府井大街是一条有着700多年悠久历史的著名商业街区，享有"金街"之美誉，商业与文化在这里交融，国际购物中心、百年老字号名店、大众品牌店面林立，是京城最繁华的去处。

前门大街和大栅栏

这里是北京最古老、最著名且又独具北京风韵的古老街市和商业闹市区，瑞蚨祥、内联升等老字号店铺鳞次栉比。在这里，可以挑选精美的丝绸、考究的布鞋、雅致的笔墨等。

琉璃厂文化街

琉璃厂地处东城区和平门外，是北京书画艺术交流地。街道两旁铺面店堂青砖灰瓦、砖雕彩绘古色古香，具有浓厚的古代街市色彩。大名鼎鼎的老字号荣

宝斋就坐落在这里，无论是笔、墨、纸、砚、墨盒、水盂、印泥、镇尺、笔架等文房雅具，还是代客订购名家名作都不成问题，且质量上乘。

潘家园

潘家园是北京古玩艺术品交易最密集的地区。潘家园有两处古玩艺术品爱好者必去的地方——北京古玩城和潘家园旧货市场。北京古玩城是国内目前最大的古玩艺术品交易中心，而潘家园旧货市场则是国内目前规模最大的民间工艺品集散地。

秀水商城

地处繁华的建国门外大街的秀水商城，是北京知名的"民间贸易中心"，很多商品极具中国特色，是国际友人钟爱的购物场所，能淘到很多别致的小物件。

北京礼物

北京礼物是专门经营北京特产的连锁礼品商店。店面装饰充满了北京元素，完整地体现了北京文化的特点。景泰蓝等旅游纪念品、日常创意用品、商务政务礼品、国宾礼物、艺术收藏等应有尽有，各大景区基本都有连锁门店。

什锦果脯

什锦果脯又称京式蜜饯，其制作源于明清时期的皇宫御膳房，由鲜果加工精制而成，口味酸甜适中，果味浓郁，主要有杏、梨、桃、苹果、杏等百余种口味。

京八件

京八件指八种形状、口味不同的京味糕点，以枣泥、青梅、葡萄干、玫瑰、豆沙、白糖、香蕉、椒盐八种原料为馅，用油、水和面做皮烘烤而成。北京老字号稻香村的京八件最美味。

四大名旦

四大名旦指北京工艺品中的景泰蓝、雕漆、玉雕与象牙雕刻，它们都拥有悠久的历史、典雅优美的造型、精美华贵的视觉感受，是工艺美术世界里璀璨的明珠。

住宿

北京地铁很发达，线路多，市区内的主要名胜古迹，地铁基本都到。住宿只要选择在地铁沿线，靠近地铁站即可。北京很大，出游基本一整天，换酒店很麻烦，最好住一个地方。北京地铁内部各线路许多都是互通的，内部换乘，不用出站，出游很方便。王府井或前门周边，地铁换乘非常方便，而且还有许多优秀的酒店和短租公寓选择。

B 北京近郊

◎香山公园◎国家植物园◎百望山森林公园
◎大觉寺◎凤凰岭◎北宫国家森林公园
◎紫竹院公园◎欢乐水魔方水上乐园

好玩去处多

北京的近郊有着多种多样的旅游资源，在这里，各种旅游资源非常丰富。一年四季均可旅游参观的香山公园、天然氧吧一般的国家植物园，还有威严的大觉寺……每到春天，各色花朵盛放，花香扑鼻，夏天林荫阵阵，秋天的红叶最为迷人，冬日待春雪过后，更是美得别有一番风味。

香山公园 *秋季最佳*

香山最高峰上有一块巨大的乳峰石，状如香炉，故名香炉峰，俗称鬼见愁，海拔557 米。山因此得名香炉山，简称香山。香山公园以香山命名，位于北京西北郊的小西山东麓，面积 160 公顷，始建于 1186 年，历史悠久，文物古迹丰富，是一座具有山林特色的大型皇家园林。

香山的森林覆盖率高达 98%，园内有各类树木 26 万余株，古树名木众多，其中一二级古树就达 5800 多株，约占北京城区的 1/4。这里以香山红叶最为闻名，包括黄栌、火炬、元宝枫、三角枫、五角枫、鸡爪槭等 30 多个品种，被评为北京新十六景之一，且每年都会举办"香山红叶文化节"主题活动。

🏠 北京市海淀区香山买卖街 40 号
🅰 乘地铁西郊线香山下
Ⓢ 旺季 10 元，淡季 5 元

四季攻略 ▶▶

香山公园游玩的季节性较强，每年 10 月中旬到 11 月上旬是观赏红叶的最好季节，红叶延续时间通常为 1 个月左右，游客们要注意把握游玩时间。

周边美食：松林餐厅

松林餐厅，四周青松环抱，以经营鲁味菜肴为主，温度适宜时可以选择在室外就餐，食"色"共享。该餐厅隆重推出根据史料记载创新出的具有宫廷风味的寿宴——三班九老宴。

🏠 北京市海淀区香山买卖街西头香山公园内 (眼镜湖边)
Ⓢ 人均 70 元
📞 010–62591296

国家植物园 四季皆宜

国家植物园位于香山脚下，分为北园和南园，隶属于中国科学院植物研究所。国家植物园是一个综合性植物园，集科普、科研、游览等功能于一体。游客在园内游玩，可以观赏到各种花卉植物，也可以参观曹雪芹纪念馆和唐代古寺，还能在樱桃沟游山踏青，享受野趣。

🏠 北京市海淀区卧佛寺路 1 号
🅰 乘地铁西郊线国家植物园站下
💲 12 元
🕐 夏季 6:00—21:00，冬季 7:30—18:00

周边景点：曹雪芹纪念馆

曹雪芹纪念馆建于 1984 年，馆舍是一排坐北朝南的清式平房，馆藏主要有与曹雪芹身世相关的文物、曹雪芹一家与正白旗村有关的文物以及名著《红楼梦》所描述的实物仿制品等。此外还有一些碑刻陈列，反映了曹家与香山地区的关系。

🏠 北京市海淀区香山正白旗 39 号
🕐 夏季 8:30—16:30，冬季 9:00—16:00

周边景点：卧佛寺

卧佛寺创建于唐贞观初年，以后历代有废有建。寺内古树参天，花木扶疏。卧佛殿殿内卧佛为释迦牟尼像，身长 5.3 米，重 54 吨，为铜铸实心像。在铜佛周围，环立着十二尊塑像，是十二圆觉。此外寺内还种有几株婆罗树，每逢春末夏初之际，白花盛开，花朵如同无数座洁白的小玉塔倒悬枝叶之间，别有情致。

🏠 北京市海淀区北京植物园寿安山麓
💲 5 元
🕐 夏季 8:00—16:00，冬季 8:30—16:00

百望山森林公园 春夏秋适宜

百望山素有"太行前哨第一峰"的美称，现为北京西山国家森林公园的一部分。百望山森林公园可欣赏到大面积的红叶林，那里种植的黄栌、元宝枫等，正值壮年时期，生长旺盛。金秋时节，公园内近千亩红叶竞相争艳，漫山呈现出层林尽染的美景。友谊亭、揽枫亭是百望山赏红叶最佳地点。

此外，公园内还有文化碑林、画廊、铁血忠魂纪念馆等景点。百望山森林公园草木种类繁多，空气中富含负氧离子，游于其间，可以享受到森林浴的保健功能；并且百望山环境清幽，适宜各年龄段和不同身体条件的人攀爬锻炼，是距京城最近的登山乐园。

🏠 北京市海淀区黑山扈北口 19 号
🅰 乘地铁 16 号线马连洼站下，往西步行至公园东门
💲 6 元
🕐 6:00—18:00

大觉寺 四季皆宜

大觉寺也称西山大觉寺、大觉禅寺，位于阳台山山麓，坐西朝东，依山而建。它始建于辽咸雍四年（1068 年），当时称作"清水院"。金章宗时为"西山八大水院"之一，后更名为灵泉寺。明朝时，对灵泉寺进行了重建，并改名为大觉寺。

大觉寺由四进院落组成，共有 160 株古树。其中，大觉寺因为玉兰花而著名，并与法源寺的丁香花和崇效寺的牡丹花合称"北京三大花卉寺庙"。每年 4 月，大觉寺会举办"玉兰文化节"，除玉兰花观赏外，还举办一些其他展览和文化活动。

🏠 北京市海淀区苏家坨镇大觉寺路 9 号
🅰 乘 633 路公交到大觉寺下西行 3 千米可到
💲 旺季 20 元，淡季 10 元
🕐 8:00—17:00

凤凰岭 春夏秋适宜

凤凰岭面积约 10.62 平方千米，被誉为"远郊的景，近郊的路，北京的自然氧气库"。风景区内生态环境优美，享有"京西小黄山"和"京城绿肺"的美名，青山绿水映衬着蓝天白云，成为人们观光、度假和举办会议的理想地。此外，景区内还有丰富多彩的人文景观，与自然景观相得益彰，共计构成了 40 余处景点。每年 3 月底 4 月初，凤凰岭南线景区 600 余亩的成片杏花竞相开放，届时，凤凰岭将举办杏花节活动，游人可前来观花。

🏠 北京市海淀区苏家坨镇凤凰岭路 19 号

Ⓐ 乘 346 路公交沿途各站都可直达景区

Ⓢ 旺季 25 元，淡季 15 元

🕐 旺季 6:00—18:00，淡季 7:00—17:00

四季攻略 ▶▶

1. 凤凰岭是石头山，主峰海拔 748 米。全区分三条线路，其中北线天梯是非常有趣的一段，仅容一人通行。出于健康考虑，患有心脏病、高血压等疾病的游客谨慎选择是否尝试此路段。

2. 不要丢掉门票，背面有管理处的电话，以便应急之用。

周边美食：凤凰岭餐厅

餐厅位于凤凰岭景区门口，车位充足，露天面积挺大，虹鳟鱼分量很足，卤水豆腐和烤羊排也是特色，卤水豆腐清爽，羊排烤得很嫩，清炒蒿子秆这道菜，用的是自家地里现摘的蒿子秆，新鲜美味。

🏠 北京市海淀区凤凰岭路 (凤凰岭风景区大门外路北)

Ⓢ 人均 70 元

📞 010-62465007

北宫国家森林公园 春夏秋适宜

北宫国家森林公园核心景区廊坡顶，位于西六环西侧，属于丘陵型自然风景区，始建于 2002 年。公园总面积 914.5 公顷，可划分为旅游观光、登山健身、采摘垂钓、郊野赏花、观赏珍奇、森林沐浴、彩叶欣赏、休闲娱乐、会议餐饮、综合服务十大功能区。公园集生态旅游、观光采摘、科学考察、休闲娱乐等为一体，已发展成为北京地区森林公园中的知名品牌之一。

🏠 北京市丰台区辛庄大灰厂东路 55 号
🅰 乘 574、843 路公交到北宫森林公园下
Ⓢ 旺季 10 元，淡季 5 元

周边景点：园博园

北京园博园原为鹰山森林公园，属于北宫国家森林公园东区。2013 年为第九届中国国际园林博览会的举办地，现在成了园博园的一部分。园博园是一个集园林艺术、文化景观、生态休闲、科普教育于一体的大型公益性城市公园。

园区规划布局为"一轴、两点、五园"，"一轴"即园博轴，是贯穿主展区的景观轴线。"两点"即永定塔和锦绣谷。永定塔为辽金风格的仿古塔，是园博园的标志性建筑；锦绣谷是园博园"化腐朽为神奇"的典范，将一个 20 多公顷的建筑垃圾填埋坑打造成了花团锦簇的下沉式花谷。"五园"即传统展园、现代展园、创意展园、国际展园和湿地展园，共有展园 69 个。

🏠 北京市丰台区射击场路 15 号
Ⓢ 免费
🕐 旺季（4 月—10 月）6:30—19:00，淡季（11 月至次年 3 月）7:30—18:00

紫竹院公园 *夏季最佳*

　　紫竹院公园因园内西北部有明清时期的庙宇——"福荫紫竹院"而得名，南长河、双紫渠穿园而过。园中有三湖两岛一堤，可以说这里是一座以竹为景、以竹取胜的自然式山水园林公园。园中造景模山范水、求其自然，假山怪石都经过精心的安置，亭、廊、轩、馆错落有致，修竹花木巧布其间，是夏季游玩的好去处。

🏠 北京市海淀区中关村白石桥路南端
🚇 乘地铁 4、9、16 号国家图书馆站下
💲 免费参观

欢乐水魔方水上乐园 *夏季最佳*

　　欢乐水魔方精心挑选世界范围内最受热捧的水上游乐项目，共设 15 个大项，50 余条各式滑道。其中超高的"狂怒龙卷风"滑道，亚洲首台"风暴谷"滑道更为游客带来前所未见的超凡感官体验。

　　乐园内还有非常大的万人海啸造浪池、惊险的巨型海盗船、刺激的尖锋极速滑道、很大的黑暗漩涡等项目，使游客在激情刺激中度过轻松完美的一天。

🏠 北京市丰台区小屯路 11 号
🚇 乘坐公交 338 路、507 路、634 路"梅市口"站下，再步行 5 分钟左右到达
🕐 水上乐园仅夏季营业，6 月、9 月 10:00—19:00，7 月至 8 月 10:00—22:00
📞 010-88609999

ⓒ 通州 大兴

◎大运河森林公园◎韩美林艺术馆◎宋庄艺术区
◎花仙子万花园◎西海子公园◎通州博物馆
◎北京环球度假区◎北京野生动物园
◎南海子公园◎中国印刷博物馆
◎中国西瓜博物馆

玉带环绕，北方水乡

通州区当年，漕运码头千帆竞发，商贾云集，盛极一时。而今，通州首都城市副中心建设日新月异，使通州拥有享不尽的旅游盛宴，品不够的文化韵味：在这里，可游运河、游艺术、游田园、游新城；还可体验健身游、节庆游、美味游等等。

大兴区古为皇城京畿，今为京南重地，大兴区内旅游资源丰富，御林古桑园是华北地区面积最大的古桑林，是集旅游、观光、采摘于一体的综合性景区，还有魅力的南海子公园，游客在这里可以尽情游览。

大运河森林公园 春夏秋适宜

    大运河森林公园位于北京通州区的京杭大运河两侧，沿河种植了大片的茂密森林，还有果园、荷花等众多可以观赏的植物，环境十分优美。公园内建设了众多的娱乐设施，还有大型的游乐场可以体验森林中的刺激享受。另外还可以露营、野餐、骑行，或是乘船游玩在运河之上，绝对是周末时京郊休闲放松的最佳去处。

    整个公园构建了"一河、两岸、六大景区、十八景点"，是人们滨水休闲、户外野营、文化娱乐的理想场所，也是通州特有的、北京市唯一的一所运河生态天然大氧吧。

🏠 北京市通州区宋梁路南段
🅰 地铁 1 号线九棵树站乘 T13 路，地铁 6 号线潞城站乘 828 路均可到达
💲 免费开放
🕑 6:00—22:00

韩美林艺术馆 四季皆宜

    韩美林艺术馆坐落在梨园镇主题公园内，主体建筑为灰白色基调的现代风格，内部装修简约，空间开阔。

    纪念馆的馆藏艺术品包括韩美林捐赠的绘画、书法、雕塑、陶瓷、民间工艺品等在内的 10000 件艺术作品，并向通州区捐赠 2000 件艺术作品。另外韩美林先生还有几千件展品在这里流动展览，这也是该馆成为国内迄今为止展览私人展品最多的艺术馆。

🏠 北京市通州区梨园镇九棵树东路 68 号
🅰 乘坐地铁八通线到临河里站下车即到
🕑 周二—周六 9:00—17:00，周一闭馆，每日 16:00 停止入场
📞 010-59751888

宋庄艺术区 四季皆宜

　　宋庄艺术区位于北京通州区东侧的宋庄镇小堡村，是一片画家、前卫艺术家聚集的艺术区，区内有超过 5000 名艺术家生活，著名画家黄永玉、诗人芒克等都长期在此生活、工作。这里有多处艺术中心，其中画廊 140 多家，美术馆近 20 家，经常举办各种画展和前卫艺术展览、艺术节等，是观看展览、感受文艺气息的好去处。

🏠 北京市通州区宋庄镇小堡村

Ⓐ 地铁通州北苑站乘坐公交通 808 路到小堡商业广场站下车可至

Ⓢ 无需门票。艺术区无需门票，内部个别的展馆和展览会单独收费

🕐 全天开放；内部美术馆及画廊等各自的开放时间大多比较随意，并不固定

周边美食：米娜餐厅

　　老板苏青与米娜，一对艺术家情侣，他们的代表作独立纪录片《白塔》斩获法国马赛纪录片电影节"最佳导演"和"最受观众欢迎"评审团大奖。米娜发明出超人气的"特色酸梅汤"，这个秘方口味延绵，酸甜爽滑，有着一种特别的余香；苏青的绝活是活色生香烤羊排，而他的调酒也被盛赞。米娜餐厅做的是川菜也是"融合菜"。在菜品上追求的是老川菜要地道，要有百年前的韵味，新川菜要巧妙，符合健康的需要。

🏠 北京市通州区宋庄镇小堡村宋庄美术馆北侧

Ⓢ 个人用餐约 90 元，团体聚会 300—700 元不等

🕐 11:00—21:00

📞 010-69597552

花仙子万花园 春夏适宜

　　花仙子万花园为华北地区最大的花卉景点，是集家庭园艺花卉种子产品生产及品种展示、家庭园艺教育和休闲拍摄为一体的时尚园艺万花园。

　　园区内一望无际的花海，其中深粉色、浅粉色、红色及黄色的百日草花带，姹紫嫣红，竞相开放；长100米、宽4米的竹藤长廊下，因形似鹤首而得名的绿色鹤首葫芦垂悬其中，盘子样大小的金黄色双层香炉瓜格外抢眼。步入花仙子万花园仿佛置身花海，花草之多、之美，令人目不暇接。

🏠 北京市通州区于家务国际种业科技园区
🅰 位置较偏远，适合自驾前往
Ⓢ 成人票30元，儿童票15元
🕐 8:00—17:00

周边休闲：第五季龙水凤港生态农场

　　第五季龙水凤港生态农场利用特色台湾农业创造新奇绿色生态自然奢华环境，是一个集旅游度假、休闲养生及百亩热带雨林观光采摘为一体的休闲中心。在这里游客可以进行特色采摘、沙滩戏水、垂钓烧烤、野炊露营等丰富有趣的活动。

🏠 北京市通州区于家务乡大耕垡村东100米
🅰 通州土桥地铁站乘坐802路公交车到大耕垡村，右转西行150米即到
Ⓢ 人均60元

西海子公园 夏季最佳

　　西海子公园水域面积广阔，一条百米仿古建筑的彩色长廊横跨南北两湖之间，湖水碧波荡漾，游人可乘各种动物造型船在湖中游览观景。公园环境优美，空气清新。明代著名思想家、史学家李卓吾先生墓位于西海子公园西北角，掩映在苍松翠柏中。园中共有 60 多种万余株花草树木，姿态苍劲的古槐已有 500 多年的树龄。登高眺望，园中美景尽收眼底。公园不仅有现代化的娱乐设施，还有保存完好的文物古迹。

🏠 北京市通州区西海子西街 12 号（近老商业街）
🚇 乘地铁 6 号线通州北关站下步行前往
💲 免费

周边美食：羊守一（月亮河店）

　　店址所在环境非常好，吃完饭还可以在小镇里遛弯儿，旁边挨着公园。店里经营地道的老北京铜锅，所有肉类新鲜且嫩，羊肉不膻不淡，立盘不倒，凉拌菜味道也都好，羊排也是火候恰当焦嫩。

🏠 北京市通州区月亮河度假村内（近河滨路）
💲 人均 110 元
📞 010-89521969

通州博物馆 四季皆宜

　　通州博物馆 1992 年建馆，是一座保存完好的清代二进四合套院。馆内固定陈列为"古代通州"，精选通州出土的珍贵文物 164 件进行展览，内容介绍了通州自西汉置县 2200 年的历史沿革，表述了通州漕运史启于秦汉，兴于元、明、清的古代辉煌。

　　博物馆为典型的北京建筑风格，颇具地方特色。院内油漆彩画，古色古香，其中，通州八景彩绘图更为绚丽夺目。院中置圆形花坛，青砂岩石围砌，浮雕独龙，内植古丁香一株。

🏠 北京市通州区通州镇西大街 9 号，新华大街闸桥西南侧
🅰 乘坐公交 322、342、435 路等至新华大街站下车
💲 免费

北京环球度假区 四季皆宜

　　北京环球度假区是亚洲第三座、全球第五座环球影城主题乐园。度假区包含小黄人、侏罗纪世界、哈利·波特、变形金刚、功夫熊猫、好莱坞、未来水世界七大主题景区，多处骑乘娱乐设施及地标景点。与极有人气的"霸天虎"对话合影、参观霍格茨沃城堡，漫步在城市大道，随处可见包上别着小黄人装饰、手执哈利·波特魔法棒的游客，这就是北京超级网红打卡地。

🏠 北京市通州区梨园镇
🅰 地铁 1、7 号线终点站可到
💲 指定淡季日 418 元，平季日 528 元，旺季日 638 元，特定日 748 元。另有多种套票可供选择，详见官网。

北京野生动物园 春夏秋适宜

北京野生动物园位于大兴区榆垡镇万亩森林之中，是集动物保护、野生动物驯养繁殖及科普教育为一体的大型自然生态公园。

北京野生动物园以散养、混养方式展示野生动物，设散放观赏区、步行观赏区、动物表演娱乐区、科普教育区和儿童动物园等，建有主题动物场馆 32 个。北京野生动物园以"保护动物、保护森林"为宗旨，突出"动物与人、动物与森林"的回归自然主题，着力渲染"人、动物、森林"的氛围，拉近人与动物的距离。增加人与动物的接触，以现代的无屏障全方位立体观赏取代传统笼舍观赏方式。

🏠 北京大兴区榆垡镇 106 国道旁
🅰 乘坐 828、849、943 路公交车到东胡林站下车即可
Ⓢ 成人票 150 元，包含内部笼网投喂车票、小火车票，另有电瓶车可以付费租赁
🕐 8:30—17:00，自驾区营业时间为 8:30—15:00

周边美食：动物联盟美食餐厅

如果在动物园逛累了，想补充能量吃点东西，可以去园内的动物联盟美食餐厅。餐厅地理位置优越，很方便寻找。餐厅敞亮位置多，餐食多为拼盘套餐或披萨。

🏠 动物园南门进门右手边
Ⓢ 人均 80 元

南海子公园 春夏适宜

南海子公园占地 60 多公顷。这里有沼泽、草场、池塘、林地，为全封闭的生态环境，是我国第一座散养麋鹿自然保护区。

南海子有丰美的苇草、泥泞的沼泽，为麋鹿的栖息繁衍创造了良好的环境。麋鹿苑还引进了豚鹿、梅花鹿、白唇鹿、马鹿、水鹿和狍等鹿科动物，使麋鹿苑逐步成为中国鹿科动物的研究地和博物馆。

🏠 北京市大兴区鹿苑路

Ⓐ 地铁 8 号线德茂站乘 453 路可到

Ⓢ 免费

🕐 每周二至周日 9:00—16:00，周一闭馆（法定节假日除外）

周边美食：上苑居

上苑居餐厅紧邻南海子公园，一楼大厅、二楼包厢，菜品多为大众家常菜。顾客常点的菜品包括宫保鸡丁、地三鲜、疙瘩汤等。游玩南海子公园后，在这边就餐是个不错的选择。

🏠 北京市大兴区瀛海镇姜怡路 11 号

Ⓢ 人均 60 元

📞 010—69288212

中国印刷博物馆 四季皆宜

中国印刷博物馆建筑面积 8100 平方米，设有"古代馆""近现代馆""印刷设备馆""综合馆"。同时还设有"港澳台印刷""钱币印刷""邮票印刷""欧洲早期印刷""印刷精品"等专题展，是目前世界规模最大的印刷专业博物馆。

在这里，可追溯汉字起源、纸张发展，从雕版到活字、泥活字到铅活字，从激光照排到数字印刷，浓缩了中华民族五千年文化精华。

🏠 北京市大兴区黄村兴华北路 25 号
🚇 乘坐 4 号线大兴线至清源路站下车（A 口出），步行 300 米左右即到
💲 免费
🕒 9:00—17:00（周一闭馆）

周边美食：匹夫涮肉城

匹夫涮肉是一家有些年头的涮肉馆，相比于重庆火锅，北京人还是更喜欢这种锅底清淡的老北京铜锅。涮铜锅、羊蝎子、烧烤、全羊，个人、聚餐都很好安排。热腾腾的香辣锅底，大片肥牛卷，老北京火锅够味。

🏠 北京市大兴区清源西路 55 号
💲 人均 100 元
📞 010-69263191

中国西瓜博物馆 四季皆宜

西瓜是大兴最亮的名片，依此而建的中国西瓜博物馆总占地面积 22000 平方米，是一座极具时代特征和鲜明特色主题的标志性建筑。主建筑分上下两层。一层中间为序厅，通顶 21 米，是状似巨型西瓜的圆顶式建筑形式；二层东侧为功能厅，面积 1000 多平方米，主要开展电教、培训、中小型颁奖、会议、演出等活动。博物馆馆前是西瓜文化广场，中心为大型音乐喷泉。举办西瓜相关活动时热闹无比。

🏠 北京市大兴区庞各庄镇政府院内
🚇 地铁 4 号线天宫院站换乘大兴 55、65 路公交到庞各庄桥站下
💲 20 元
🕐 正常工作时间可以参观（周末和节假日不开放），可拨打（010）89281181 咨询预约。

周边美食：微食·原产地湘菜

这是庞各庄一带性价比较高的湘菜馆。臭豆腐炖鲈鱼、烤猪脸、肥肠鱼、干锅杏鲍菇、东北大拉皮都是顾客点餐频次较高的菜。

🏠 北京市大兴区民生路龙景湾四区 125 号楼底商
💲 人均 80 元
📞 010-89252015

美食

通州 / 糖火烧

糖火烧是满族传统小吃，因其制作时用缸做成炉子，将烧饼生坯直接贴在缸壁上烤熟而得名。糖火烧原为通州小吃，其香甜味厚，绵软不粘。

🏠 大顺斋食品店（通州新华大街，010-89522469）

通州 / 烧鲇鱼

烧鲇鱼只用鲇鱼中段，或连刀，或切块，用纯绿豆淀粉衣裹，经过三炖三烤，然后拌入辅料，溜炒勾芡后出勺。此菜品色泽金黄，外焦里嫩，味美可口，独具风味。

🏠 小楼饭店（通州区通州南大街12号，010-69544368）

大兴 / 桑叶宴

桑叶宴是以桑叶为原料，采取煎炸、凉拌、做馅等多种做法，烹调成别具特色又具有健康价值的菜肴。这其中又尤以桑叶做馅的味道最佳，如桑叶馅饺子、包子、菜团子等。取桑树上的鲜嫩桑叶，经过热水焯熟，用精肉拌馅，现包现煮，口感鲜香，味道天然。

购物

通州 / 通州大樱桃

通州大樱桃植根于永定河、潮白河冲积平原，浇灌以千年运河水，集先进技术大成精心栽培，红艳饱满。

通州 / 通州腐乳

通州腐乳，质地细腻，芳香扑鼻，别具风味，从20世纪20年代起就享誉北京，畅销京东八县。"通州腐乳"不仅是南货北植第一家，更是南北风味嫁接之精品。

大兴 / 大兴西瓜

大兴为著名的西瓜主产地和集散地。大约400年前，明万历年间，大兴西瓜即有入贡的记载。它的特点是外观光洁，果形圆正。皮薄而坚韧，瓤色鲜红柔和，肉质脆且沙，纤维少，无空洞，不倒瓤。

大兴 / 八宝葫芦鸭

将鸭脱骨去内脏，不能弄破鸭皮。再将脱去骨的鸭子抹上糖稀，晾一天。然后将虾仁丁、海参丁、五花肉丁等，喂馅装入鸭内，用八成热油炸至枣红色。放在容器里加入酱料，上屉蒸熟即可。形似葫芦，色泽枣红，清香咸鲜，鸭肉软烂。

◎ 顺义 平谷

◎焦庄户地道战遗址纪念馆◎汉石桥湿地
◎北京国际鲜花港◎乔波室内滑雪馆◎奥林匹克水上公园
◎京东大溶洞◎青龙山◎石林峡◎老象峰
◎挂甲峪◎丫髻山

生态田园慢生活

顺义地势平坦，上风上水之地，区域内双河流淌，更有汉石桥湿地、国际鲜花港、奥林匹克水上公园等旅游资源，非常适合人们前来游玩。

平谷旅游资源丰富，自然风光和人文景观独特，有金海湖、黄崖关长城、湖洞水、京东大峡谷、丫髻山等。平谷区位于北京市的东北部，西距北京市区70公里，东距天津市区90公里，是连接两大城市的纽带。

焦庄户地道战遗址纪念馆 四季皆宜

焦庄户地道战遗址纪念馆始建于 1964 年秋，经过扩建道路、修复地道、新建展馆、恢复抗战民居等，目前纪念馆占地近 47700 平方米。现分为三个参观区，即展馆参观区、地道参观区、抗战民居参观区。另外，还为游客提供吃抗战饭、住抗战民居、采摘瓜果等服务项目。

🏠 北京市顺义区木邵路龙湾屯镇焦庄户村纪念馆路 38 号

$ 免费，领票参观

🕐 9:00—16:30（16:00 停止领取参观票，周一闭馆）

周边美食：崔桂清市级农家餐厅

崔桂清市级农家餐厅位于焦庄户地道战遗址纪念馆旁边，提供多种特色农家菜品，主人服务热情周到。在附近游览后来这里吃一顿淳朴美味绿色的农家菜，感受最悠闲的农家氛围，不失为一个好选择。

🏠 北京市顺义区焦庄户村焦庄街 28 号

$ 人均 40 元

📞 13521537830

汉石桥湿地 春夏适宜

汉石桥湿地是北京市唯一现存的大型芦苇沼泽湿地以及多种珍稀水禽的栖息地，这里生长着大面积的芦苇，有"京东大芦荡"和"京郊小白洋淀"的别称。

汉石桥湿地水面清澈，绿色苍茫，百花争艳，水鸟鸣啼。微风吹拂，芦苇摇曳，此起彼伏，犹如浩瀚的大海，景色颇为壮观。湿地中有一个鸟岛，现在周边设置了一个200平方米的观鸟厅，以视频、视听、望远镜三种观鸟方式向大家展示湿地自然资源。

🏠 北京市顺义区杨镇地区木燕路灵石59号
Ⓐ 地铁15号线俸伯站乘顺义56路公交可到
Ⓢ 免费开放
🕐 8:00—17:30

周边美食：宏盛园垂钓烧烤区

这里紧邻汉石桥湿地公园，空气清新，风景自然怡人。宏盛园垂钓烧烤区设有烧烤、垂钓、篝火、露营、住宿等多项内容，可供野餐、聚会等。烧烤食品可自带，也可现场购买，享受纯自助烧烤的乐趣，还可以捡柴鸡蛋（如需商家提供烧烤产品、农家炖柴鸡等要提前预订）。

🏠 北京市顺义区杨镇田家营村汉石桥湿地东门沿环湖路向南约300米左转
Ⓢ 人均52元
📞 13716825706

北京国际鲜花港 春夏秋适宜

　　北京国际鲜花港是北京市唯一的专业花卉产业园区。在景观建设上，鲜花港开设了大地花海、樱花大道、水杉林、幻花湖、听风阁等18处幽美景观，成为一处繁花似锦、林木葱郁，适合休闲度假的天然绿色氧吧。在这里，游客可以欣赏到壮观的花海奇观，感受清新自然的田园风光并得到全身心的放松。

🏠 北京市顺义区杨镇鲜花港南路9号
🅰 乘坐地铁15号线至俸伯站，换乘顺义41路公交直达鲜花港
💲 80元
🕐 9:00—17:30，停止售票时间17:00

周边美食：红菜坊（杨镇店）

　　红菜坊（杨镇店）紧邻杨镇第一中学，比较好找，这是一家主打烤鸭和川、鲁菜的连锁融合餐馆。川菜毛血旺、北京烤鸭都很适合大众口味，整体价格亲民，性价比较高。

🏠 北京市顺义区顺平路杨镇段157号1幢1层
💲 人均70元
📞 010-60405568

乔波室内滑雪馆 夏季最佳

乔波室内滑雪馆采用国际先进的人工造雪和制冷技术，包括单板、双板、戏雪等多项娱乐运动，可满足单板、双板爱好者的不同需求，同时还可承办各类比赛及演出活动。滑雪馆还专门为孩子们设计了儿童戏雪乐园，使他们在冰雪的童话世界中充分发挥活泼天真的本性。

🏠 北京市顺义区顺安路 6 号

Ⓐ 乘坐地铁 15 号线顺义站下车换乘顺义 21、34 路在乔波滑雪馆下车

Ⓢ 平日 4 小时票 188 元，周末票 268 元；平日日场全天票 208 元，周末票 298 元；夜场 4 小时票 138 元。日场滑雪最少 4 小时时间，超时 15 分钟内免费，超时 15 分钟以上按每小时 50 元收取超时费；以上价格含雪鞋、雪板、雪杖、雪袜；其余配件（头盔、雪服、雪裤、手套、帽子、雪镜、护臀、护膝、护腕、衣柜）按每次 20 元收费

🕐 日场平日 10:00—17:00；周末 9:00—17:00；节假日 9:00—17:00；夜场周一至周日 17:00—21:00

📞 010-60413499

四季攻略 ▶▶

1. 滑雪、溜冰等运动均存在危险。游客参与前请根据自身条件，并充分参考当地相关部门及其他专业机构公告及建议后量力而行。

2. 雪场视造雪设备情况开放雪道，雪道实际开放数量请以雪场公布信息为准。

3. 进场滑雪需要交付押金，每人 500 元；所有门票类型均含保险、雪具；不含雪服、更衣柜、手套、教练。

周边美食：雪馆咖啡厅

雪馆咖啡厅拥有落地景观窗的运动酒吧以及浪漫的咖啡厅，经营各种高档西洋酒、国际名牌特色咖啡。在北欧风格的冰雪世界中，欣赏滑雪表演的同时，还可细品现调咖啡的芳香。同时还可以现场烹制赛百味三明治、美式比萨、墨西哥玉米、意大利面条等国际流行食品。

🏠 乔波滑雪场内

奥林匹克水上公园 夏季最佳

　　奥林匹克水上公园自南向北由灯塔广场、世帆赛基地、万平口生态广场和水上运动基地四部分组成。在北京奥运会和残奥会期间，这里举行了赛艇、皮划艇、激流回旋、马拉松游泳等水上项目的比赛，产生了 32 枚金牌。目前，奥林匹克水上公园已经建立了夏日戏水系列的水上项目，吸引了众多的游客。

🏠 北京市顺义区白马路 19 号
Ⓐ 地铁 15 号线顺义站乘顺义 5 路公交可到
Ⓢ 20 元
🕐 9:00—17:30

周边景点：共青滨河森林公园

　　位于顺义区潮白河畔的共青滨河森林公园是一个不错的城市散步绿道。公园面积较大，分为南园、北园，北起河南村桥，南至苏庄桥，北园主打科普教育和亲子活动，南园主打原生态湿地森林体验。园内随处可见绿植花卉，环境很好，可骑行散步露营。

🏠 北京市顺义区顺平南线桃花源旁
Ⓢ 顺义区 17、21、48 等公交到太阳城北站下

京东大溶洞 夏冬适宜

京东大溶洞坐落在北京市平谷区黑豆峪村东侧，因其为京东地区首次发现，故名京东大溶洞。京东大溶洞发育于中元古界长城，系高于庄组白云岩地层，距今大约 15 亿年，由此号称"天下第一古洞"。

京东大溶洞的开放区域长度约有 2.5 千米，洞内有形态各异的钟乳石造型，加上灯光效果十分绚丽。洞内常年温度约十几摄氏度，游客游玩京东大溶洞时，会有免费讲解带领游玩，讲解钟乳石的造型。游玩溶洞后，在洞外还有一些自费的游乐项目，如冲山车、缆车、蹦极球等，一般单独收费，游乐项目都比较简单，感兴趣的话可以前往。

🏠 北京市平谷区黄松峪乡黑豆峪村
🚌 东直门乘 918 路公交车至平谷，再转乘 25 路小公共至大溶洞站下即到
💲 80 元

周边美食：梦来民俗餐厅

餐厅位于景区内，位置醒目，交通比较方便。游览京东大溶洞之后可来此品尝美食，菜品种类繁多，味道淳朴地道。推荐猪肉炖粉条、烤虹鳟鱼、扁豆焖卷子等。

🏠 北京市平谷区京东大溶洞景区内

青龙山 四季皆宜

青龙山距市区仅60千米，景区内设有北京渔阳国际滑雪场、生态园餐厅等。

青龙山脚下有一座小山，中间宽敞，后方左右凸起，像农家常用的簸箕一样，又似人的一只手掌，故当地人称其为"簸箕掌"。山谷中岚光笼罩，雾气蒙蒙。放眼望去，平谷区景色尽收眼底，让人心旷神怡。

🏠 北京平谷区东高村镇大旺务村

🅰 乘平谷48路在渔阳国际滑雪场下即到。

⑤ 门票20元，景区内滑雪场成人票168元，儿童票75元，1.2米以下儿童免票

🕐 8:30—17:30

📞 010-69909090

周边美食：渔阳国际滑雪场美食广场

滑雪场里的美食广场与星级酒店里的美食广场相比，可能原生态一些，环境更贴近自然，在山上用餐的同时能看到旁边银白的雪，以及乐此不疲专心滑雪的人群，别有一番风味。推荐骨肉相连、担担面、羊杂汤。

🏠 北京市平谷区东高村镇大旺务村东渔阳国际滑雪场内

⑤ 人均54元

📞 010-64618874

石林峡 春夏适宜

石林峡位于北京平谷的黄松峪乡雕窝村，距离北京市中心近100千米。景区以峡谷、悬崖、石林和瀑布等自然风光为主，山清水秀，环境清新优美。景区内还有旋转木马、激流勇进等娱乐项目，景区外则有度假村、农家乐等，是京郊周末度假娱乐的好去处。每到夏季，这里比城市凉爽很多，也是避暑的胜地之一。

石林峡中的石、峡、水、峰、林五大特点构成了独特的景观又各具千秋。景区一步一景，奇趣横生。除石林景观外，另有"五大景观"被人广为称道。

🏠 北京市平谷区黄松峪乡雕窝村

🚗 乘坐918路公交车到平谷世纪广场站，换乘平谷25路到石林峡站即到

💲 成人票68元，学生票持学生证、老人凭老年证34元；前山"如意苑"索道、后山"龙王山"索道单程50元；各娱乐项目单独收费20~30元不等

🕐 周一至周五 8:30—17:00

周边休闲：石林峡度假村

石林峡度假村坐落在迷人的石林峡风景区内，拥有民俗餐厅30个，推荐当地特色烤全羊、农家饭、棒渣粥等山里风情的美食。度假村有豪华小歌厅4个，拥有可接百人的大会议室一个，同时度假村还推出篝火狂欢夜、消夏晚会等。

🏠 北京平谷区黄松峪乡雕窝村73号

📞 010-60987955

老象峰 春夏秋适宜

　　老象峰景区位于一条曲折蜿蜒的大峡谷内，景区内森林茂密，山崖陡立，百花争艳。北山上有三个大洞，站在谷内放眼北望，西洞的西壁好像一只大象鼻子，自成一峰，鼻、眼、身、脚惟妙惟肖，"老象峰"因此得名。

　　老象峰生态原始，风光古朴，处处体现着自然野趣。春季踏青，仙桃花盛开，千里飘香。秋季采摘，果实累累，葡萄、苹果、枣、核桃、柿子、红果、栗子、梨，让游人随心又随意。夏季避暑，层峦叠嶂青翠欲滴，登高远望心旷神怡，令人流连忘返。

🏠 北京市平谷区大华山镇小峪子村
🅐 乘 918 路公交车直达官庄路口后转 34 路城乡风景车
🆂 25 元
🕐 8:00—17:00

周边休闲：泉水峪村

　　泉水峪村因附近多山泉而得名，是知名的市级民俗旅游专业村。近年来，慕名来泉水峪村采摘的游客越来越多，因为这里的采摘与别处不同，采摘之余还能看到一种特殊的桃子。在平谷每年举办的乡村美食赛中，泉水峪的大煎饼都榜上有名。其独特之处是以村中的泉水调制，泉水的甘甜成就了大煎饼的香脆。直径一尺有余且如纸薄的大煎饼，卷上大葱、豆芽、胡萝卜等蔬菜，蘸上酱，喜欢吃肉的再卷上几片粉蒸肉，很是美味。

🏠 北京市平谷区大华山镇东北部

挂甲峪 春夏适宜

挂甲峪是平谷北部山区，属燕山南麓余脉的一部分，它北、东、南三面环山，中间为一狭小的丘陵盆地，面积约 5 平方千米。挂甲峪村历史文化悠久，相传成村于明崇祯年间，因宋代名将杨延昭抗辽凯旋在此挂甲休息，后人便取村名为挂甲峪。很适合周末到这里来过过农家乐生活，菜肴新鲜可口，风景秀丽，瀑布非常漂亮。

🏠 北京市平谷区大华山镇

周边美食：挂甲峪山庄旋转餐厅

餐厅位于挂甲峪山庄内，进山庄要收取门票约 20 元。这里菜量很大，味道很醇厚，价钱实惠，可以欣赏挂甲峪的魅力景色。推荐菜品美味羊肘、大锅炖鱼等。

🏠 北京市平谷区大华山镇挂甲峪村
💲 人均 70 元
📞 15910211793

丫髻山 春夏秋适宜

　　丫髻山因山颠的两块巨石状若古代的丫髻而得名。丫髻山海拔363米，山上有玉皇阁、碧霞元君祠等十多座著名道观，山下有紫霄宫，这一建筑群被称为"京都名胜大观"。其中，碧霞元君祠始建于唐代，是京东最有名的古刹。景区内有石门、石经道、御坐石、双松迎客、碑林怀旧、碧霞夕照、观音望海、回香揽古、万寿柏抱松等众多景点。此外，附设的吊床、木屋是为游客准备的休憩场所。

🏠 北京市平谷区刘家店镇

🚍 乘918路公交到平谷官庄路口下，换乘郊82路小巴可达

💲 60元

周边休闲：谭家大院

　　谭家大院是一个农家院式的食宿活动场所。在谭家大院的农家院中有吃有住，去丫髻山游玩，住在此地很是方便。院内的餐厅是一个大厅，没有包间，经营各种农家饭菜。推荐品尝大锅炖鱼。

🏠 北京市平谷区刘家店镇前吉山村

💲 人均60元

📞 010-61971309

美食

顺义 / 清酱肉

北京清酱肉与金华火腿、广东腊肉并称为中国三大名肉，是我国传统食品，也是北京著名特产。这种肉制品创制于明代，至今已有 400 多年的历史。

平谷 / 水库鲜鱼

金海湖水面宽阔，水质清纯，鱼的肉质非常鲜美。金海湖内有人工网箱饲养和大面积放养的十余种鱼类，用这些鱼烹饪出的鲜鱼宴更是色香味俱全。其中值得一提的是海子民俗村的侉炖湖鱼和炖鱼头，营养丰富。

平谷 / 四平八稳玻璃宴

玻璃叶具有清心、润肺、明目的功效，叶中含有丰富的氨基酸和对人体有益的物质。玻璃台村因山上盛产玻璃树而得名，聪明的平谷人将这些传统挖掘出来，向广大游客推出了蕴含吉庆祥和之意的"四平八稳玻璃宴"。

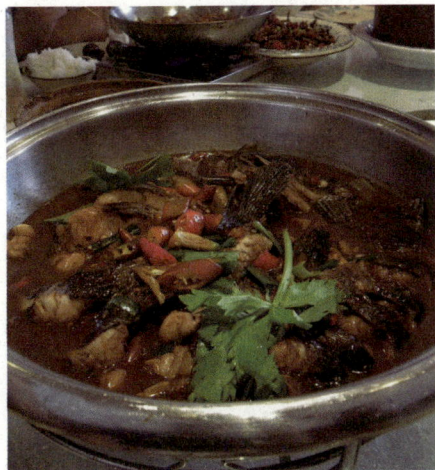

购物

顺义 / 北寨红杏

北寨红杏产于平谷区南独乐河镇北寨村，这里独特的地理位置、土壤条件和气候环境造就了北寨红杏特有的品质：果大形圆、色泽艳丽、黄里透红、皮薄肉厚核小、味美汁多、甜酸可口。

顺义 / 砀山酥梨

砀山酥梨又称砀山梨，原产于安徽省砀山县，该梨具有果个大、品质优、适应性广、丰产性好等优点。而顺义区也建有砀山酥梨生产基地。

顺义 / 顺义中华圣桃

中华圣桃原产山东莱西，其特点为超晚熟，果大质优，平均单果重 300 克以上，最大果 700 克，抗逆性强、丰产、耐储藏，北京地区成熟在 10 月 20 日左右。

平谷 / 平谷鲜桃

平谷大桃久负盛名，作为地理标志保护产品，其具有种植面积大、品种多、上市时间长、出口量多等特点。经过多年的科技研发，形成了白桃、蟠桃、油桃、黄桃四大系列 200 多个品种。

E 密云 怀柔

◎司马台长城◎古北水镇◎桃源仙谷◎黑龙潭
◎南山度假村◎密云水库◎京都第一瀑
◎慕田峪长城◎红螺寺◎黄花城水长城
◎雁栖湖◎幽谷神潭◎喇叭沟门原始森林公园
◎青龙峡

京东北山水画廊

怀柔的美，令人惊艳。沧桑的明长城，碧波的雁栖湖，险峻的云蒙山，茂密的原始森林……可谓是天生丽质，美不胜收。

密云地处北京市东北部燕山山脉脚下，历史悠久，既是全国农业生态试点县，又是全国绿化先进县、国家生态县，被誉为「北京山水大观，首都郊野公园」，是华北通往东北、内蒙古的重要门户，故有「京师锁钥」之称。

司马台长城 春夏秋适宜

　　司马台长城位于北京市密云区古北口镇，距离市区约 120 千米，是我国唯一一段保留明长城原貌的古长城。长城沿着刀削斧劈似的山脊修建，险峻无比，也造就了这段长城的城墙形式多样性。司马台水库将该段长城分为东、西两段，东段有敌楼 16 座，西段有 18 座，景区目前只开放东段 10 座敌楼。

🏠 北京市密云区古北口镇司马台村

🅰 由东直门乘坐 980 路或在望京西站乘坐 970 快，在密云西大桥站下车，步行至密云西大桥加油站，再换乘密 38、51 路，在司马台村站下车，步行至古北水镇即到

🆂 门票 40 元；1.2 米以下儿童免票，1.2～1.5 米儿童和大中小学生（凭证）以及 60 岁以上老人（凭证）半票

🕐 日游 9:00—17:00，夜游 17:30—21:10

> **四季攻略 ▶▶**
> 　　司马台长城与北京地区其他长城景点相比较，特别险峻陡峭，而且为了维持原貌，没有太多的护栏等设施，攀登时要多注意安全。

周边美食：司马缸大酒楼

　　司马缸大酒楼坐落在司马小烧酒作坊和永顺染坊的中间。 酒楼门口有个破碎的大缸，意喻着司马光砸缸，颇有意思。餐厅内的环境也很有趣，用酿酒的酒缸和长条凳、圈椅、方桌来打造就餐环境。推荐酱牛肉、豆酱蒸茄条、肉蘑烧肉。

🏠 北京市密云区作坊街 017 号

🆂 人均 100 元

📞 010-81009969

古北水镇 四季皆宜

　　古北水镇内不通车，非常适合步行游玩，镇子沿着河岸而建，大致是一条东西向的长条形，长约2千米。游客一般是从西侧的景区入口进入，然后随意漫步游玩，半天到一天均可。沿途观看古色古香的宅院、牌坊、古塔、桥梁等，其中有不少都是从山西等地移来的古民居建筑，门楣、雕花等都十分古老和精美，可以细细品味，拍摄美丽照片。另外，乘船漫游（冬季会停运）也是不错的选择，坐在船头，悠闲舒适地观赏古镇美景，格外惬意。

🏠 北京市密云区古北口镇司马台村

🅰 乘坐密37路或密51路到司马台村下车，步行可至

💲 门票150元，观光车10元，游船全程120元（包船600元，限6人），半程80元（包船400元，限6人），另外景区开放夜游，门票80元

🕐 5至10月9:00—18:00；11月至次年4月9:00—17:00。景区另有夜游，5至10月：非周末18:00—22:00，周末18:00—22:30，提前1小时停止售票；11月至次年4月：非周末17:30—21:00，周末17:30—21:30，售票时间均为17:30—20:00

周边美食：烧肉馆

　　烧肉馆是古镇里非常火爆的一家餐馆，屋内小桥流水人家，装修很古朴，布局很舒适，推荐招牌菜密云烧肉。烧肉肥而不腻，吃到的是很醇的肉香味道，加上解腻的小葱黄瓜，还是比较不错的一种体验。

🏠 北京市密云区古北口镇司马台村古北水镇景区汤河古寨区内

💲 人均120元

📞 010-81009963

桃源仙谷 四季皆宜

　　桃源仙谷景区内有多座潭水和瀑布，峡谷间树木众多，景色清秀幽静。夏天时这里凉爽宜人，很适合避暑纳凉。

　　谷内最著名的景点是天梯和众多的瀑布，天梯位于进入峡谷不远的地方，沿着垂直的岩壁而建，十分陡峭，走在梯上感觉刺激惊险；瀑布则遍布整个峡谷内，形态各异，但都十分壮观，每到冬天，这些瀑布还会变成冰瀑，是摄影爱好者们喜爱的天堂，很多攀冰爱好者也把这里当作冬攀的基地。另外，在谷口处，还有一个湖泊，夏季时有划船等水上娱乐项目，可以选择游玩。

🏠 北京市密云区石城乡南石城村
🅰 乘坐公交 987 路到密云鼓楼西站，在东侧密云大剧院站可换乘密 61 路、密 68 路等到达石城镇政府站，向西步行几百米可达
🌐 www.bjtyxg.com
💲 成人票 45 元，学生持学生证、60 岁以上老人持老年证购半票 23 元，1.2 米以下儿童免费
🕐 旺季（春夏季节）7:30—18:00，淡季（秋冬季节）8:00—17:00

周边美食：渔民家

　　渔民家是座很接地气的农家小院，院子里还养了一只宠物小羊，很招客人喜爱。整体就餐环境舒适，主打柴锅炖大鱼。鱼现挑现做，很是鲜美。另外还可以住宿，很是方便。

🏠 北京市密云区密关路北石城村 72 号
💲 人均 120 元
📞 18501331191

黑龙潭 夏季最佳

黑龙潭是一处以峡谷、潭水风光为主的自然风景区。来此可以漫步山间，欣赏流水池塘和山林美景，还可以划船娱乐，是京郊周末出游的好地方。

黑龙潭主要是一条长约 4 千米的峡谷，从谷口至尽头步行游玩后再原路返回即可，一般游客走走玩玩大概 4 个小时。在峡谷的步行栈道旁从下到上分布着 18 座水潭，周围山势陡峭树木茂密，环境比较优美。一些比较大的潭水上还可以划皮划艇、小船等，一般会另外收费几十元。

🏠 北京市密云区石城镇鹿皮关北面

🚍 东直门汽车站 980 路到密云鼓楼换乘密云 63 路去黑龙潭

💲 成人票价 60 元；6～18 周岁未成年人、全日制大学本科以下学历学生半价；6 周岁以下或 1.2 米以下儿童免费；残疾人持残疾证免费

🕐 9:00—17:00

四季攻略 ▶▶

1. 如果要划船的话，推荐在靠近景区门口的地方划，这里价格比里面便宜一些。另外，所有的划船项目都可以讲价。
2. 景区内物价较贵，建议游玩之前带好干粮和饮用水。

周边休闲：白云峡休闲居

一处集观光、休闲度假、餐饮、住宿为一体的度假村，距离黑龙潭、桃源仙谷、京都第一瀑等景点距离都很近，提供接送服务。这里有很多娱乐项目，包括漂流、垂钓、真人 CS 等，还有非常可口的农家菜可以品尝。

🏠 北京市密云区石城镇白河之畔

📞 010-69016187

南山度假村 冬季最佳

　　南山度假村是北京及华北地区罕见的集滑雪、滑道等动感休闲娱乐项目为一体的冬季度假村，地处密云区南山北坡，雪质优良，景色壮美，气候宜人。南山滑雪场是华北地区最大的滑雪场，现已建成高、中、初级滑雪道，教学道和娱雪道21条，能够满足不同年龄、不同需求人群的娱乐休闲需求。

🏠 北京市密云区河南寨镇圣水头村
🅰 从东直门长途汽车站乘坐980路空调快车到西大桥下车，乘密云58路支线公交前往
💲 门票20元；滑雪平日：120元2小时，140元3小时，160元4小时，260元全天；周末、元旦和春节200元2小时，240元3小时，280元4小时，390元全天
🕐 冬季8:45—17:30，春季8:45—18:00
📞 010-89091909

周边美食：老萨烤羊

　　老萨烤羊是很多来滑雪的人都选择来吃饭的地方，位置比较难找，但是酒香不怕巷子深。环境像是农家院，还有一个很有特色的蒙古包。烤羊排、烤羊腿、烤全羊味道都很地道，肉质鲜美，外酥里嫩。

🏠 北京市密云区河南寨村
💲 人均104元
📞 010-61086177

密云水库 春夏适宜

　　密云水库是京津唐地区第一大水库，有"燕山明珠"之称。围绕水库还有一条110千米长的环湖公路，是京东旅游风景区之一。库区夏季平均气温低于市区3℃，是一处避暑胜地。密云水库以山灵水秀，景象万千而吸引游人，成为京东著名的旅游风景区之一。

　　水库大坝巍峨，湖面辽阔。水库白河大坝西北有一座海拔900多米高的山峰，名叫五座楼筑，有五座烽火台，气势雄浑。

🏠 北京市密云区城北13千米处
🚌 乘980路、980快在密云鼓楼站下，打车至密云水库
💲 免费
🕐 全天开放

周边美食：密云渔街

　　渔街并不是卖鱼的街区，其实它并不是一条街，只是因为几十家因鱼菜而闻名的饭店坐落于此而得名。名菜有侉炖鱼、全鱼宴，还有贴饼子和葫芦条炖肉、豆腐粉条炖白菜干、炒卤水豆腐等。

🏠 北京市密云区密云水库南岸溪翁庄镇

京都第一瀑 夏冬适宜

京都第一瀑位于北京密云区石城乡柳棵峪内，距北京 103 千米，黑龙潭北 3 千米，由云蒙山泉水汇集而成，落差 62.5 米，坡度 85 度，是京郊流水量最大的瀑布。

走进峡谷，未见瀑而先闻其声。水从悬崖直泻而下，水雾弥漫。远眺，如玉柱擎天，雄伟壮观。近看，银花四溅，犹如白雾向空中喷涌。阳光照射，呈现出七彩虹，旖旎如画，形成斑驳陆离的颜色。瀑下潭大而奇，深不可测。文人墨客咏诗赞叹："云蒙瀑乡绣色锦，飞流直下双白尺，京华瀑魁众叹服，嫦娥观止不归宫。"

🏠 北京市密云区石城镇（近青龙沟）
🚌 乘 980 路或 987 路在鼓楼大街站下车，转乘密云 63 路公交可到
🕐 旺季 8:00—17:30，淡季 8:30—16:30

周边美食：高老庄乡村酒店

高老庄乡村酒店是郊区的一家网红酒店，很中式的名字，很欧式的建筑，形成一种很奇异的反差感，可以吃饭，也可以住宿，很有度假区风情。高老庄大拌菜、灶台鱼等菜品很受欢迎。

🏠 北京市密云区石城镇张家坟村琉辛路
💲 人均 80 元
📞 010–61013667

慕田峪长城 四季皆宜

　　慕田峪长城位于北京市怀柔区境内，西接居庸关长城，东连古北口，自古以来就是守卫北京的军事要冲，被称为"危岭雄关"。慕田峪长城建筑构造风格独特，敌楼密集，尤其是三座敌楼并矗一台的正关台，更是万里长城中罕见。

　　慕田峪长城旅游区群山环抱，风景秀丽。春季，群芳争妍，山花烂漫；夏季，满山青翠，流水潺潺；秋季，红叶漫山，果实累累；冬季，白雪皑皑，银装素裹，一派北国风光，享有"万里长城慕田峪独秀"的美誉。

🏠 北京市怀柔区渤海镇慕田峪村
🅰 乘怀柔公交车 h23、h24、h35、h36 路到慕田峪环岛站下车，步行可至
💲 门票 45 元；索道单程票成人 100 元；施必得滑道往返 80 元，单程 60 元
🕐 8:30—17:00

周边美食：鱼师傅

　　鱼师傅是人气很高的农家菜馆，离景区很近。最好吃的自然是鱼，做法很多，烤、炖、蒸应有尽有。招牌烤虹鳟鱼去头去尾，中段用炭火烤制，火候掌握得刚刚好。板栗红烧肉也是名不虚传，板栗香甜绵软，肉肥而不腻。

🏠 北京市怀柔区慕田峪长城下 3 千米处
💲 人均 90 元
📞 010–61649198

红螺寺 四季皆宜

红螺寺建于东晋年间，是我国北方最大的佛教园林，世有"南有普陀，北有红螺"的说法，自古便是北京地区拜佛祈福的圣地。有大量的植物，大多都有高龄，古树参天，寺内还有花卉和红叶可以观赏，"春看花、夏避暑、秋观红叶、冬赏岁寒三友"是红螺寺的特点。

红螺寺分为两部分，一为大殿附近的红螺寺主寺区和五百罗汉林，另一片是山顶的观音庙，传说观音庙求子极为灵验。整个寺内都有香火可供拜佛，香火钱并无要求，全看游客随缘。

🏠 北京市怀柔区红螺东路
🅰 东直门外 942 快公交场站院内有发往红螺寺的直通车
Ⓢ 景区门票 54 元（持学生、老人、军人证 27 元）；滑道单程 50 元，往返 80 元
🕐 旺季（4 至 9 月）8:00—17:00，淡季（10 月至次年 3 月）8:30—16:00

周边美食：京螺山巴饭店

京螺山巴饭店是一家集住宿、餐饮、娱乐为一体的饭店。红螺寺西行 300 米即可到达，享受泉水潺潺金鳟虹鳟交相辉映、自由游弋的乡村垂钓生活。农家特色菜新鲜美味，喜欢爬山、垂钓的游客可以游红螺寺，爬红螺山，参加各种娱乐活动。

🏠 北京怀柔区红螺寺门口西 100 米路南
📞 010—60681008

黄花城水长城 春夏适宜

黄花城水长城位于北京怀柔黄花城，这里因曾修建水库水位上升淹没了一段长城而得名，也正是因此形成了"长城戏水"的独特景观。水长城所在的黄花城每到仲夏时节便有大片的黄色野花绽开，因此得名，所以水长城每到夏天也是拍摄花朵景色的好地点。

黄花城水长城的景色有三绝一定要看："一绝"是建于明永乐年间的长城盘旋于山脊之上，环绕在灏明湖畔，景色秀美壮观；"二绝"是湖水将长城断开，形成长城戏水的奇特景观；"三绝"是明代板栗园，古树盘根错节，形态各异。

🏠 北京市怀柔区九渡河镇西水峪村
🅰 宣武门东北角乘坐旅游专线，发车时间周六、日及法定节假日 7:30—8:30
💲 60 元
🕐 8:00—16:30（淡季），8:00—17:00（旺季）

周边休闲：如意山庄

如意山庄农家院是集餐饮、住宿、娱乐为一体的综合性农家院，距黄花城水长城景区门口仅 10 米左右，有枣树可供游客采摘，可提供户外拓展等一些团体游玩项目，是出城游玩的理想场所。

🏠 北京市怀柔区九渡河镇西水峪
📞 010—61652065

雁栖湖 春夏适宜

　　雁栖湖位于北京怀柔区怀北镇，距离北京市中心约 70 千米，是一个长宽大约都在 1～2 千米的湖泊。这里湖水水质较高，颜色蔚蓝，周围有小山环抱，风景不错。如今的雁栖湖已被开发成为一个水上游乐园，来此游玩主要以体验水上娱乐为主，同时可以观赏自然风光，呼吸郊外的清新空气。

　　景区内的娱乐活动以各种船为主，有电瓶船、脚踏船、自驾快艇和摩托艇等，还有大黄鸭等特色游船，夏天游玩会比较舒适。另外，还有激流勇进、碰碰车、海盗船等常规的娱乐项目。水上飞降是景区内娱乐活动的特色之一，即悬浮在湖面之上的滑索，非常刺激，可以体验一下。

🏠 北京市怀柔区怀北镇北侧约 1 千米（京加路西侧）
🚍 怀柔城区乘 59、64、74 路公交可到
💲 公园门票 45 元，学生持学生证半价；园内游乐项目单独收费
🕐 8:00—17:00（仅在每年 3 至 10 月左右开放）

周边美食：社会主义好农村食堂

　　社会主义好农村食堂装修风格红红火火，是雁栖湖附近人气较高的农家乐之一。主打铁锅炖鱼、烤虹鳟鱼、东北拉皮，还有炸花椒芽、自制开包豆腐等特色小吃。

🏠 北京市怀柔区京加路 241 号
💲 人均 90 元
🕐 010-69673981

幽谷神潭 夏冬适宜

　　幽谷神潭在怀柔区境内，景区内空气清闲，气候宜人。峡谷中百泉汇流、高峡壁立，不仅能欣赏到大自然的鬼斧神工之笔，且能观赏到奇绝的"飞瀑"和"神潭"，景区内有通天门、卧虎岭、石屋、雷劈石、映月潭、鹰嘴峰、月岩峰及悬崖飞瀑等十几处景观。攀过陡峭的天梯，即可到达神潭，潭水面积约 80 平方米，水深 6 米有余，潭水清澈透明，还有 300 米速滑，能体验到不曾有过的惊险。

🏠 北京市怀柔区怀北镇椴树岭村　　💲 38 元

喇叭沟门原始森林公园 *初秋最佳*

　　喇叭沟门原始森林公园有首都后花园之称，又有"天然大氧吧"之美誉。这里由于海拔较高，气温比市区低10℃左右，比城区早一周左右入秋。这里有原始次生林7万亩，海拔1700多米高的南猴岭是怀柔区的最高峰。喇叭沟门植物极其丰茂，山上大片的杨树、白桦树林把整个山峰严严实实地覆盖起来；树林间是各种灌木和又深又密的草垫子，石头上则长满了厚厚的苔藓，还不时有狍子、山鸡和野兔出没。

　　每到春夏季节，40多平方千米的高山杜鹃花从山脚向上蔓延，漫山遍野娇艳烂漫的杜鹃花将雄伟的高山晕染成了一片火红，其间还点缀着数不清的紫色的野丁香花、蓝色的马兰花和一些不知名的各色野花，森林中野花怒放的美景，是久居城市的人难以看到的。每到秋天，满山秋色，不虚此行。

🏠 北京市怀柔区北部喇叭沟门满族乡孙栅子村
🅰 乘怀柔43路公交黄甸子站下
🕐 8:00—17:00

周边美食：崔文武民俗农家

　　交通便利，在中榆树店村，离国道和原始森林景点都很近。这里可以提供住宿，环境很好，也很凉爽，无线网络覆盖。吃的蔬菜是老板家院里种的，新鲜美味，不过价格小贵。推荐贴饼子、咸鸭蛋、小鸡炖蘑菇、葫芦条炖肉。

🏠 北京市怀柔区喇叭沟门中榆树店村
📞 13910253536

青龙峡 春夏秋适宜

　　青龙峡被雄伟的水库大坝分为两个部分，北部是高峡平湖，适宜乘龙舟、画舫或快艇，沿蜿蜒的水路，游客可欣赏两岸的旖旎曼妙风光。夏季，游客可在沙滩浴场进行各种娱乐活动，如踢足球、打排球等，更可享受免费的日光浴。东岸也设有蹦极跳、攀岩等健身娱乐项目。另外，保存完好的明代古长城敌楼经历风雨，仍然仁立在山顶。

🏠 北京市怀柔区怀北镇大水峪村北

💲 54 元，套票（门票＋快艇＋碰碰车）155 元

🕐 8:00—17:00

周边美食：龙峡饭店

　　餐厅就在青龙峡景区门口，环境不错，依山傍水，晚上的篝火烧烤非常欢乐，氛围感满满。主营农家菜，上菜速度很快。他家的住宿很有特色，很像是瑞士雪山边上的旅馆，带个观景的小阳台，很是惬意。

🏠 北京市怀柔区青龙峡景区内

💲 人均 80 元

📞 010-89696986

燕窝。

🏠 渔家傲（北京怀柔区怀黄路慕田峪长城南行一千米，010-61621468）

怀柔 / 油栗红烧肉

　　怀柔是有名的板栗之乡，这里的栗子甜糯香软，并且好剥皮。油栗红烧肉，油栗与五花肉相互结合，互相吸收，整个味道也有些微甜。

🏠 山吧（北京怀柔区雁栖镇长园村 318 号，010-61627397）

美食

密云 / 水库鱼

　　密云水库的水质非常好，是国家一级保护区，鱼都是活鱼，新鲜是肯定的。吃过密云水库的鱼以后，就不再想吃任何地方的鱼了。主打是侉炖鱼，还有油浸鱼、酱炖鱼、氽花鲢。

🏠 鱼大厨农家美食城（北京密云区近郊密云水库附近，010-69012178）

密云 / 小锅饽饽

　　在密云，小锅饽饽一般蘸着炖鱼的汤汁吃。饽饽外焦里嫩，稻香十足。

怀柔 / 烤虹鳟鱼

　　怀柔虹鳟鱼体表修长且无刺，物美价廉，新鲜美味，是京城地区宴会常用的佳肴极品，其营养价值不亚于海参、

购物

密云 / 红香酥梨

　　红香酥梨有"百果之宗"的美誉，鲜甜可口、香脆多汁、富含维生素，且耐储藏。想吃的游客可在梨成熟之际去村里采摘。

密云 / 坟庄核桃

　　坟庄村位于燕山脚下，土层深厚，含核桃所需的钙、铁、锌等元素较高，生产出的核桃个大、皮薄，且味道纯正。

怀柔 / 板栗

　　怀柔素有"中国板栗之乡"的美誉，是燕山板栗的主产区之一。咬开一个，露出金黄色的果仁，吃到嘴里，甜香满口，回味无穷。

怀柔 / 榛子

　　榛子果形似栗子，外壳坚硬，果仁肥白而圆，有香气，含油脂量很大，吃起来特别香美。

F 延庆 昌平

○八达岭长城○八达岭滑雪场○八达岭野生动物世界
○碓白峪自然风景区○龙庆峡○百里山水画廊景区
○康西草原○石京龙滑雪场○海坨山谷
○野鸭湖国家湿地公园○十三陵国家森林公园
○明十三陵○居庸关长城○龙脉温泉度假村

紧扼京城北大门

延庆，誉称首都西北大门，举世闻名的八达岭长城就在延庆区。悠久的历史，独特的地理和气候条件，使延庆发展旅游业极具优势。

昌平位于北京西北部，被称为「密迩王室，股肱重地」，素有「京师之枕」美称。古有居庸关、龙虎台等险隘以及明代陵寝，今是首都卫星城。昌平区南与北京城区亚运村接壤，旅游资源非常丰富。

八达岭长城 春夏秋适宜

八达岭长城位于北京市延庆区，是中国古代伟大的防御工程万里长城的重要组成部分，是明长城的一个隘口。八达岭长城为居庸关的重要前哨，古称"居庸之险不在关而在八达岭"。

明长城的八达岭段被称作"玉关天堑"，为明代居庸关八景之一。八达岭长城是明长城向游人开放最早的地段，八达岭景区以八达岭长城为主，兴建了八达岭饭店和中国长城博物馆等功能齐全的现代化旅游服务设施。

🏠 北京市延庆区军都山关沟古道北口
🅰 清河火车站有发往八达岭长城站的动车
Ⓢ 旺季（4月1日至10月31日）45元，淡季（11月1日至次年3月31日）40元；索道单程80元，往返100元。参观须提前预约，可在微信公众号"八达岭长城"中提前15天预约。
🕐 旺季 6:30—16:30，淡季 7:30—16:00

周边景点：红叶岭

八达岭国家森林公园的红叶观赏精华区为红叶岭，该景区面积近千亩，共计有红叶树（黄栌）5万多株。这里的红叶特别艳丽，色泽非常纯，充满了山林野趣，还有一个特点就是能够穿行于红叶林中，近距离观赏红叶。

🏠 北京市延庆区八达岭森林公安派出所东
🅰 德胜门919直达八达岭专线
Ⓢ 25元
🕐 8:30—17:30

周边景点：八达岭古长城

    位于八达岭长城景区的西南方，在这里不仅可以感受到古老长城的残缺美，还能看到两处建造长城的遗迹。一是当年修建长城的石料场，被劈开的巨岩清晰可见。另一处是当年烧砖的砖窑群。古长城自然风光秀丽，春天的"杏花坡"有银波粉浪，夏天的"荆花谷"是蓝色海洋。

🏠 北京市延庆区八达岭镇东沟村南

🅐 9:00—17:30

Ⓢ 54 元

周边住宿：长城脚下的公社

    长城脚下的公社，是由 12 名亚洲杰出建筑师设计建造的私人收藏的当代建筑艺术作品，是中国第一个被威尼斯双年展邀请参展并荣获"建筑艺术推动大奖"的建筑作品。现在里面一些别墅提供住宿并有可以吃饭的地方，但是价格普遍较贵。

🏠 北京市延庆区京藏高速公路 53 号

🕐 全天

📞 010-81181888

八达岭滑雪场 冬季最佳

北京八达岭滑雪场有两条 800 米长的初级滑道，两条 600 米的中级滑道，一条
800 米长、120 米落差的高级滑道，以及一条 2300 米堪称北京目前最长的雪地摩托车
道和两条 300 米长的雪上飞蝶道，带给人"山舞银蛇"的壮美景色和淋漓畅快的驰骋
感受。

除此之外，狗拉雪橇、蹦极、雪地桑拿、自助冰雕、徒步冰川猎奇、横穿冰湖等
休闲娱乐项目也都很精彩，带给人前所未有的新奇刺激和光怪陆离的异域风情。

🏠 北京市延庆区八达岭镇经济开发区 66 号
Ⓐ 德胜门乘 919 路西拨子站下车，前行 20 分钟即到
Ⓢ 平日全天滑雪票 170 元，周末全天滑雪票 240 元（以上价格已含门票、滑雪板、雪杖和雪鞋租金。
雪服另需租金 30 元 / 天，衣柜 10 元 / 天）
🕐 9:00—18:00

周边住宿：八达岭滑雪度假村酒店

八达岭滑雪度假酒店是集住宿、餐饮、娱乐、会议、度假为一体的高档涉外四星
级酒店，欧式建筑风格、交通便利、配套设施齐全、环境优美。别具特色的中餐厅为
光临雪场的游客做好了充分的准备，餐饮含老北京风味，有热饮、火锅、麻辣烫等，
还提供自助餐。

🏠 北京市延庆区八达岭镇经济开发区 66 号

八达岭野生动物世界 春夏秋适宜

园内的南侧尽头是一座方舟广场，广场区域有动物表演区、观赏区等，还有一座寺院。从北侧的正门通向南侧广场共有两条路，一条途经猛兽区，另一条路上是温顺动物区，两个区域的动物都是散养，游客可以近距离观察动物，在温顺动物区还可以打开车窗喂食。

🏠 北京市延庆区八达岭镇京藏高速公路旁

🅐 北京德胜门处乘坐 880 路到八达岭站下车，步行可至

💲 成人票 85 元，学生持学生证、60 岁以上老人持身份证或老年证、1.2～1.5 米儿童半价 45 元，1.2 米以下儿童免费（必须由大人陪同）

🕐 旺季（春季、夏季、秋季）8:00—17:00，淡季（冬季）8:30—16:30

周边美食：古城私房烤肉

离岔道古城很近，农家院风格，主打火锅和烧烤。有多种套餐可以选择，铁锅驴蝎子锅很有特色。还有自家民宿北山居隐可以住宿。

🏠 北京市延庆区八达岭镇岔道村新建街 25 号

💲 人均 90 元

📞 13716568698

碓臼峪自然风景区 春夏秋适宜

碓臼峪自然风景区在崎岖蜿蜒的3000米沟壑内，遍布奇花异草、峻峰怪石，散发着浓郁的野趣，碓臼峪两侧山石壁立，一水中流，故有京北"小三峡"之称。

风景区分"琴曲迎宾""高峡平流""金峡胜境"和"龙潭幽谷"四个部分。从风景区南门起，在长3000米的山谷中流水声清脆动听，高峡平流令人心醉神迷。金峡胜境区内的景观最为引人入胜，堪与长江三峡媲美。游至龙潭幽谷，可在潭边光滑的山石上席地而坐，耸峙的山峰，奇异的花草尽映在如镜的清潭之中。

🏠 北京市昌平区长陵镇
🅰 昌平城区乘55路碓臼峪线可到
💲 20元

周边景点：大岭沟猕猴桃谷风景区

昌平小众景点，有环线上下山。大部分是木栈道，有一段石子路。山上可以远眺十三陵水库，春天山花陆续开放，很适合郊游轻松爬山。

🏠 北京市昌平区十三陵镇大岭沟村
💲 30元

龙庆峡 四季皆宜

龙庆峡集南方山水的妩媚和北方山水的雄浑于一体，峡谷曲折，河水碧绿，两岸山崖险峻，溶洞、石笋、石柱密布，被誉为北京市的"小漓江"。春夏季节，人们来这里戏水、踏青；冬季，这里则是一片冰灯的海洋。

龙庆峡不仅有优美的自然风光，更有与之相配搭的游乐设施。景区内设有惊险刺激的比翼滑道，还设有攀岩场、攀冰基地、蹦极、飞降等惊险刺激的项目，极限运动爱好者也能在这里找到属于自己的那份快乐。

🏠 北京市延庆区城东十千米的古城村西北
🅰 延庆城区乘 15、43 路公交可到
Ⓢ 4 月 10 日至 11 月 15 日 40 元，11 月 16 日至 4 月 9 日 80 元；另有其他单独收费项目
🕐 7:30—16:30
📞 010-69191034

周边美食：志勇农家院

延庆美食有着浓厚的乡村风味，大批北京市民慕名来到延庆，观灯滑雪之后，坐在延庆民俗村的热炕头上，一饱口福。这个农家院最独特的地方在于其火盆锅豆腐宴，温暖、舒适，别有一番情趣。

🏠 北京市延庆区旧县镇龙庆峡古城民俗村内
📞 13552129636

百里山水画廊景区 春夏秋适宜

　　百里山水画廊景区总占地面积 371 平方千米，包括 1 环、3 区、12 个空间节点，涉及滨河环线 112 里，"百里山水画廊"因此得名。景区内环境优美，地质科普和自然人文景观丰富多彩。此外，这里还有秀水湾、长寿岭、古家窑等 18 个"山水人家"乡村旅游接待村。

🏠 北京市延庆区千家店镇
🚌 德胜门乘坐 919 延庆方向公交车，到延庆南菜园下车换乘 Y12 路公交车到朝阳寺站下
💲 滴水壶景区 25 元

周边美食：碧绿山水农家餐厅

　　老板娘是位勤快干净的大妈，屋里屋外都非常干净，住得非常舒服，还有火炕。灶台鱼非常不错，自家炸的油饼口感软软的，非常好吃，老板炒的野生蘑菇十分美味，让人乐在其中。

🏠 北京市延庆区千家店镇六道河村干沟 51 号
💲 人均 70 元
📞 15811119484

康西草原 春夏适宜

    康西草原是京郊最大的草原，它依山傍水，广袤辽阔，具有山、水、林、草等多样性景观。每到暮春盛夏，绿草茵茵，风景宜人。1991年康西草原与中央电视台合作，在这里建起魏、蜀、吴三座城池，作为拍摄《三国演义》的外景基地。

    草原随湖岸南北狭长，这里的活动项目非常丰富：游人可以策马扬鞭，感受游牧民族的豪迈激情；可以划船荡漾于湖光山色之中；可以垂钓，还可以下水嬉戏；夏季的夜晚是举办篝火晚会的良机。

🏠 北京市延庆区康庄镇八达岭长城西侧
🚗 适宜自驾前往
💲 根据游玩项目收费
🕐 全天开放

周边美食：柳沟豆腐宴 64 号院

    柳沟的豆腐宴使延庆的饮食文化得到了初步挖掘，因此游览完康西草原之后，不妨来尝一尝地道的柳沟豆腐宴。64 号院的饭菜价格实惠，口味地道，还有露天桌位。推荐小油饼、火盆锅。

🏠 北京市延庆区井庄镇柳沟村民俗旅游度假区内
📞 18810842641

石京龙滑雪场 冬季最佳

　　石京龙滑雪场位于延庆区，是全国最先采用人工造雪的滑雪场，也是北京周边地区规模较大、设备设施齐全的滑雪场。

　　滑雪场采用国际先进的造雪设备，雪道宽敞，对初、中、高各级水平的滑雪者都很适合。雪场还专为儿童开设了狗拉雪橇、雪地滑圈等集娱乐趣味于一体的项目，此外雪场还有雪地摩托、骑马、射箭、滑翔等诸多如今最热门的游乐项目。

🏠 北京市延庆区张山营镇中羊坊

🅰 延庆火车站北广场乘 40、45 路可到

💲 门票 20 元；滑雪平日 4 小时 180 元；平日全天 280 元；周末 4 小时 260 元；周末全天 380 元

🕐 8:30—18:00

📞 010-59059088

周边美食：满意农家饭庄

　　很有乡土气息的农家乐，用农家特色大锅台，主打灶台鱼宴，另有排骨炖鸡等大锅炖。很适合游玩景点后休息聚餐。

🏠 北京市延庆区张山营镇晏家堡村 218 号

💲 人均 80 元

📞 18201669228

海坨山

四季皆宜

海坨山是赤城县和北京市的分界岭。海坨山以山为本，阴阳结合，构成了一座雄浑壮阔的绿色宝库，像一面巨大的屏风横亘于首都之北，成为抵御沙尘暴入京的重要防线。

海陀山常年平均气温比北京城区低，每年10月到次年6月可能出现"海坨戴雪"的神奇景观。冬季是海坨山雪景最美的时候。海坨山以其多变的景观、难易适中的线路，成为京郊户外运动爱好者的大本营。

🏠 北京市延庆区张山营镇西大庄科村

🅰 适合自驾前往

💲 25 元

🕐 全天开放

周边美食：1473 山顶咖啡

1473 山顶咖啡是当地的网红打卡点，坐落在海拔 1472 米的海坨山支脉山顶草甸上，多出来的 1 米代表多 1 米阳光、多 1 米心动、多 1 米情怀。顺着木栈道前去，周边是高山草甸风光，咖啡馆有观景露台可以俯瞰山景，店里有美味咖啡和气泡水等饮品可以选择。

🏠 赤城县 241 省道阎家坪村海坨山谷内

野鸭湖国家湿地公园 春夏适宜

野鸭湖国家湿地公园以湖水湿地为主，芦苇青青，环境优美，湖中还有很多可爱的野鸭。周末可以前来放松踏青，呼吸新鲜空气，还能带小朋友来喂鸭子，十分有趣。因为远离北京市区，这里周末游人也不会很多，让人觉得清净舒心。

野鸭湖以湖中有很多野鸭闻名，这里的鸭子并不怕人。每当游客靠近湖边，野鸭便成群结队来到湖边向游客讨食，十分有趣。除了野鸭之外，湖中还经常可以看到天鹅等鸟禽。景区的湖中还有游船可以乘坐，不过仅在气候比较合适的时候才会开船，初春和深秋等季节或阴雨天气便会停开。乘船在湖上观看动物、穿越芦苇荡，也别有一番风味。

🏠 北京市延庆区康庄镇康野路
🅰 乘 919 路直达快车，在延庆东关站下车，在马路对面换乘 921 路公交车到野鸭湖站下车即可
🆂 门票 50 元，儿童老人免费，学生持学生证半价
🕐 9:00—17:00

周边美食：野鸭湖餐厅

野鸭湖餐厅中特色的全鱼宴，可以品尝到野鸭湖内新鲜的活鱼，鱼头、鱼尾、鱼汤、烤鱼、侉炖、醋焖、红烧、清蒸……有多种吃法供选择。除此之外，还有烤地瓜、烤土豆、蒸南瓜、杂粮包、手擀面等当地农家饭，品种繁多。

🏠 北京市延庆区康庄镇刘浩营村西侧

十三陵国家森林公园 春夏秋适宜

　　十三陵国家森林公园是北京地区面积最大的森林公园。公园植被覆盖率极高，内部种有花卉几十种，秋天又有红叶可以观赏，自然风光优美。山顶的仿古塔视野十分开阔，天气好时可以远望京城。

　　游览完山顶后可以沿着水泥路步行下山，山底的长廊前方是一尊大石佛，高约有三层楼左右，是北方最大的石佛雕塑，石佛前是十二生肖的雕塑，憨态可掬，可与其合影。

🏠 北京市昌平区蟒山路 2 号
🚍 德胜门西乘 886 路公交可直达景区
💲 30 元
🕐 旺季 8:00—17:00，淡季 8:00—16:00

周边美食：黑山寨鼎香驴肉馆

　　很大一个院子，可以停车，远离城市但不失热闹，有很多自驾或骑车的人来吃饭。传说中的"大碗喝酒大口吃肉"，这里全部都是驴肉制品，闻起来香气浓郁，味道有一些咸。

🏠 北京市昌平区十三陵旅游风景区附近
📞 13716054875

明十三陵 四季皆宜

　　明十三陵是明朝十三位皇帝的陵墓总称，位于北京西北郊，是全国现存规模最大、帝后陵寝最多的皇陵建筑群之一。陵区群山环抱，陵前有河水蜿蜒，山清水秀风景殊胜。来此可以参观建筑，也能了解古代皇帝的丧葬规格。

　　明十三陵是个统一的整体，而各陵又自成一体，每座陵墓分别建于一座山前，陵墓规格大同小异。陵与陵之间距离少至 0.5 千米，多至 8 千米。除思陵偏在西南一隅外，其余各陵均呈扇形分列于长陵左右。十三陵中目前仅开放有"长陵""定陵""昭陵"和"神路"。

🏠 北京市昌平区十三陵镇昌赤路

Ⓐ 德胜门乘 872 路可直达景区

Ⓢ 旺季定陵 60 元，长陵 45 元，昭陵 30 元，神道 30 元；淡季定陵 40 元，长陵 30 元，昭陵 20 元，神道 20 元；联票旺季 135 元，淡季 100 元。参观须提前预约，可在微信公众号"北京昌平文旅集团"中预约。

🕐 旺季 8:00—17:30，淡季 8:30—17:00

周边景点：十三陵水库

　　十三陵水库大坝外坡上有毛泽东主席亲笔题写的"十三陵水库"五个大字，用汉白玉石块镶砌于紫色的安山岩护坡上，十分壮观。水库四周群山矗立，特别是北岸巍峨的蟒山拔地而起，宽阔的水面，倒映群山，景色幽静宜人。

🏠 北京市昌平区昌平县十三陵盆地东南部

Ⓢ 无需门票。水库已封闭，游客可在外部游览

居庸关长城 四季皆宜

到景区首先要来到山下的居庸关景区广场，这里有一座石门，名叫云台，是一座白石结构的藏传佛教建筑珍品。云台的内部通道两壁上雕琢有菩萨像，漂亮独特。沿石门向前即可到达关城门口，在此处便可看到高高在上的"天下第一雄关"匾额。

登上山顶后即可看到著名的京城八景之一"居庸叠翠"，远处翠山连绵，山峦叠嶂，视野开阔，令人心胸舒畅。

🏠 北京市昌平区南口镇居庸关村 216 省道

🅰 德胜门乘 919 路公交可直达景区

🅢 旺季 40 元，淡季年 35 元；进入景区需提前在官方公众号上预约购票

🕐 旺季 8:00—17:00，淡季 8:30—16:00

周边住宿：居庸关长城古客栈

客栈坐落在风景幽雅的"燕京八景"之一"居庸叠翠"之间，依山傍水，对于第二天一早爬长城的游客来说这里占尽了地理优势。客栈类似于四合院形式，纯木结构庭院式古建筑风格，提供早餐，总的来说性价比较高。

🏠 北京市昌平区居庸关长城景区内
📞 010-69778888

周边美食：阳坊胜利涮羊肉（阳坊总店）

可以说是最正宗的阳坊涮肉，是传统的铜锅，全部采用新碳烧制。羊肉一点儿都不膻，肉质鲜嫩，小料秘制，麻酱香浓，配料齐全，葱花、香菜、辣椒油全部提供。春季过后会有羊肉串，肉串很大，一串就快饱了。

🏠 北京市昌平区阳坊商业街中段
🅢 人均 150 元
📞 010-69760365

龙脉温泉度假村 秋冬适宜

　　龙脉温泉度假村环境优美，空气清新，地下蕴藏着国内首屈一指的淡温泉，地热资源丰富，是一个集住宿、餐饮、娱乐、会议、休闲度假为一体的高档度假村。

　　度假村最具特色的是温泉长廊，采用中国明清古典建筑风格，室内贴有清朝壁画、宫灯等装饰，来烘托室内清朝的气氛。睡觉的地方是日式"榻榻米"形式，床的下面是温泉管道，躺在上面，感觉下面温泉水的流动，别有一番滋味。

🏠 北京市昌平区小汤山镇龙脉温泉度假村（近小汤山镇政府）

🚇 地铁 5 号线到天通苑北站，下车后转乘 643 路或 985 路区间公交车至小汤山镇政府下车即到

💲 室外竹林温泉周一至周五门票 100 元；室内温泉周一至周五 198 元；周六、周日、法定节假日游泳馆门票 300 元

🕘 9:00—21:00

周边娱乐：军都山滑雪场

　　军都山滑雪场位于小汤山温泉风景度假区，雪场造雪面积为 15 万平方米，另有 6000 余平方米的综合服务设施，是目前北京地区规模最大的滑雪场之一。滑雪场内不仅有初、中、高级雪道供不同游客选择，还有迷你雪道给小朋友们玩耍。

🏠 北京市昌平区崔村镇真顺村 588 号

🚇 乘坐城铁 13 号线至龙泽站，直接乘坐昌 21 路至军都山滑雪场下车

💲 夜场滑雪票 90 元；4 小时平日雪票 130 元；平日全天滑雪票 150 元；4 小时周末雪票 190 元；周末全天滑雪票 230 元；4 小时雪季通票 255 元；雪季欢乐通票 280 元；雪季通票 290 元

🕘 日场 8:00—18:00；夜场 17:00—22:00

📞 010-60725888

美食

延庆 / 水磨炸糕

　　水磨炸糕皮脆里嫩，甜带香爽。如今唯有水磨的李记炸糕由家人继承下来，成为农家饭中的一道特色。

延庆 / 永宁豆腐

　　永宁豆腐从汉代起就有记载，在清朝时成为宫廷贡品，曾经有过家家户户做豆腐的历史，永宁古城豆腐以其独特的制作工艺、丰富的营养价值一直流传至今。

昌平 / 阳坊涮羊肉

　　阳坊人民对涮羊肉品质大加改进，采用传统的铜锅炭火，形成了独具特色的涮羊肉风味。其独到之处在于肉质鲜嫩，入口即化，不腻不柴，越食越香，而且调料选用 30 多种中药材和香料。

购物

延庆 / 延庆葡萄

　　延庆区地处"延怀盆地"，地理条

件得天独厚，光照强，海拔高，昼夜温差大，是我国优质葡萄栽培区之一。延庆葡萄种植面积位居京郊之首。葡萄为延庆区一大特产。这里的葡萄新鲜味美，为绿色食品。

延庆 / 延庆杏

　　延庆的鲜杏品种多，有骆驼黄、葫芦、青蜜沙、偏头、红金榛、红荷苞、银白杏、串枝红等 160 个品种。延庆香营乡新庄堡有鲜杏近万亩，是华北最大的杏树基地。

昌平 / 昌平草莓

　　昌平区的自然条件十分适宜草莓生长。这里的草莓个大、水多、味美，销量很好。

昌平 / 昌平苹果

　　昌平是全国最早引种红富士苹果的地区之一，自古以来就有"苹果福地"的美誉。由于优越的自然条件，昌平苹果含糖量高，着色快，营养丰富。

昌平 / 盖柿

　　昌平区是北京市最早种植盖柿的地区之一，十三陵大盖柿更是远近闻名的北京传统名优果品。其个大味甜，冬季放软后，皮软、果汁甜浓，俗称"喝了蜜"。

G 门头沟 房山

太行、燕山交会之地

◎妙峰山 ◎双龙峡 ◎京西十八潭 ◎灵山风景区
◎龙门涧风景区 ◎百花山自然保护区 ◎潭柘寺
◎云居寺 ◎石花洞 ◎周口店北京人遗址博物馆 ◎十渡风
景名胜区 ◎圣莲山风景区 ◎上方山国家森林公园
◎银狐洞 ◎琉璃渠村

门头沟区集自然风光、文物古迹、古老民风为一体、区内峰峦叠嶂，以自然风景和人文景观为依托，三山两寺一河一湖风景优美，是北京周遭的旅游胜地之一。

房山区历史文化古迹丰富，其中有驰名中外的世界文化遗址——北京猿人遗址，享有『北京人之家』的美誉，还有被称为『北京城之源』的西周燕都的遗址；具有1300多年历史的佛教圣地云居寺等……优秀的历史文化遗迹数不胜数。

妙峰山 春夏秋适宜

　　妙峰山位于北京门头沟区妙峰山镇，景区以山顶一座史上著名的娘娘庙（惠济祠）而闻名，是京西一带上香祈福的热门去处。这里可以登山观景，山顶有奇松、怪石等景观，春季有桃花，秋天有红叶。在山顶还可以俯瞰北京城，风光开阔优美。

　　另外，每年农历四月的娘娘庙庙会也是北京附近最热闹的庙会之一。娘娘庙庙会已有 300 多年的历史，从清朝时就非常著名。如今每年的庙会都会有上百场传统节目表演，还会有施粥、布茶、舍馒头等活动，可以前去游玩。

🏠 北京市门头沟区妙峰山镇涧沟村
🚇 地铁苹果园站乘 M5 路公交终点站涧沟站下
💲 40 元
🕐 8:00—17:00

四季攻略▶▶

1. 去妙峰山上香最好自行准备好香烛，在景区附近购买价格较贵。
2. 每年春季，妙峰山的上山路上会有很多桃花盛开，此时可以前来观花拍摄。
3. 妙峰山盘山路上会经过一处玫瑰谷景区，每年 5 月左右可以观赏和采摘玫瑰花。
4. 从涧沟村返回市区的公交车每天仅有一班，为下午 4 点，游玩时请注意好返程时间。

周边休闲：樱桃沟村

　　地处京西生态旅游开发区"金顶妙峰山"脚下。全村村域面积 9 平方千米，共有村民 95 户，目前全村以发展大樱桃的种植、观光采摘和民俗旅游为主，有仰山栖隐禅寺和庄士敦别墅两处历史名胜。

🏠 北京市门头沟区妙峰山镇樱桃沟村

双龙峡 四季皆宜

双龙峡位于青山翠谷之中，其主要景点有十里溪流、百潭瀑布、千亩杏园、万顷林海、青山翠谷、世外桃源、苍山如海，峰峦巍峨峻秀，被誉为京西"小九寨"。

景区内有 29 米以上的大瀑布两个，10 米以下的小瀑布近百个。在这里，不仅能体验到惊险刺激的原始森林登山探险，还可以乘坐独特的森林小火车行驶于山间。

🏠 北京市门头沟区斋堂镇火村南

🅰 地铁苹果园站乘坐 M22 路公交到火村口下车，乘车直接进入景区

⑤ 门票 30 元（不含任何娱乐项目，持学生证、老年证半价）；联票 60 元（含门票、小火车往返、划船半小时）；1.2 米以下儿童只免门票不免任何娱乐项目

🕐 7:30—17:30

周边美食：京西益友阁饭店

双龙峡附近一家家常菜馆，菜品种类多样，从烤羊排到烤鱼火锅、铁锅焖面应有尽有，味道非常好，价格适宜。店内干净卫生，店家服务态度很好，有很多来双龙峡游玩的人都选择来这里吃饭。

🏠 北京市门头沟区斋堂镇东斋堂村一区 31 号（近斋堂供电所）

📞 010-69819161

⑤ 人均 50 元

京西十八潭 春夏适宜

　　京西十八潭面临永定河，山环水绕，景自天成，是我国北方罕见的自然风景区之一，以谷深、石奇、水特、花异而著称。

　　群潭背依的清水尖，系北京四大高峰之一。谷内溪水奔流，四季不断，形成了闻名遐迩的"三瀑六景十八潭"之自然景观。在谷口，两山如门，溯谷而上，一峰三折，三瀑飞流直泻，高者三丈有余。六景各具特色，山险石奇，鸟语花香。

🏠 北京市门头沟区王平镇安家庄村境内

🅰 地铁苹果园站转乘 M22 路公交在十八潭下车即到

🆂 35 元

🕐 8:00—18:00（4 月至 11 月）

周边景点：灵溪风景区

　　灵溪风景区位于妙峰山附近，是门头沟比较小众的景点。景区虽不大，但设施完备，夏天可以玩水漂流，冬天可以欣赏冰瀑。沿途设置了水利设备教育区、儿童互动游乐区，很适合全家亲自出游。

🏠 北京市门头沟区妙峰山镇岭角村

🆂 36 元

灵山风景区 夏季最佳

　　灵山是北京第一峰，由于海拔高度的关系，灵山在方圆 25 平方千米内形成北京地区集断层山、褶皱山为一体，奇峰峻俏、花卉无垠的自然风景区。

　　这里生长着杜鹃、丁香、白桦林和榛子、黄花、玫瑰、金莲花、野韭菜等植物，似厚绒绒的地毯上嵌绣着千万朵争芳斗艳的鲜花，因此，它是新疆细毛羊、伊犁马、青藏牦牛在北京唯一的天然繁衍养殖场，也是野生动物的乐园。

🏠 北京市门头沟区 013 县道清水镇西北
🚇 地铁苹果园站乘 M22 路到斋堂公交场站换乘 M23 路或 892 路区间公交至洪水口站
💲 35 元
🕐 全天开放

周边美食：灵山山水农家

　　山水农家位于聚灵峡景区门口的村子里，是灵山游玩吃住的选择之一，这里位置优越，能仰观山景，夜宿方便早起爬山。餐饮方面，烤羊腿、炖鲤鱼都是顾客常点餐食。

🏠 北京市门头沟区清水镇洪水口村 29 号
📞 15910854005

龙门涧风景区 *春夏秋适宜*

龙门涧风景区由龙门涧大峡谷、鬼谷、京西悬空寺三个分景区组成，是集旅游观光、休闲度假、寻幽探险、避暑纳凉、科学考察于一体的旅游胜地。

龙门涧风景区以大峡谷为主景区。大峡谷全长 15 千米，为北京之最。其间蜿蜒曲折，峻岭逶迤。数十个各具特色的景观组成龙门涧"奇异的画廊"。龙门涧地质构造奇特，在这里既可以品味长江三峡、黄河壶口之神韵，又可以领略匡庐飞瀑、阳朔奇观之风采。这里被学者誉为中国"北方的地质博物馆"。

🏠 北京市门头沟区西部清水镇燕家台村

🅰 苹果园地铁站乘 M22 到斋堂换乘 M8 路可到景区

💲 40 元

🕐 8:30—16:00

周边景点：爨底下村

村里主要都是明清时期的老建筑，景观古朴，无论是在村中散步还是登上山拍摄全景都十分不错。这里还是著名电影《投名状》的拍摄地，可以来此寻找电影中熟悉的场景。如今村里开设了多家农家乐，可以体验睡火炕、吃农家菜的乡村生活，村旁还有一线天等景点可以观看，是北京附近周末放松郊游的好去处。

🏠 北京市门头沟区斋堂镇 109 国道北侧约 5 千米处

🅰 坐公交 892 路到达斋堂站换乘 M12 路，到爨底下村站下车即到

💲 35 元

🕐 6:00—24:00

四季攻略 ▶▶
1. 每到节假日住宿价格会有较大上涨，且一房难求，需要提早咨询预订。
2. 拍摄民宅院内景物或者人物时最好事先征得同意。

百花山自然保护区 *春夏秋适宜*

百花山自然保护区是一个以自然风光为主的著名景点，登山路以石台阶路和木制栈道为主，一路上有很多桦树和松树，环境优美。路上也有松亭夕照、长岭松涛等可以观赏的景点，登山时一一观赏即可。

到达山顶区域后，最为重点的即是游玩百花草甸，每年的6月至8月，山顶草甸上野花盛开，五颜六色的花朵铺满草地，景色非常漂亮。每到秋天时，这里一片金黄，景观也特别美丽。另外，山顶处还经常有云海等奇观。

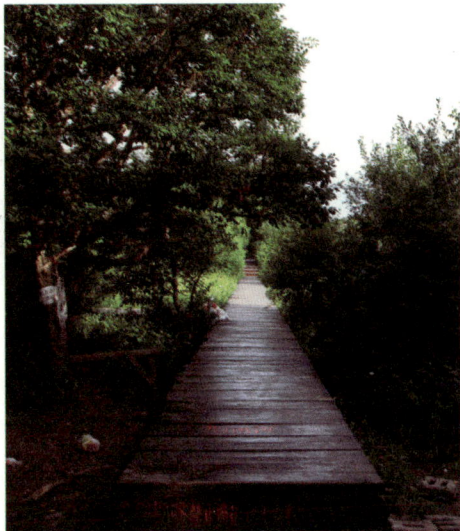

四季攻略 ▶▶

1. 百花山景区每年冬季封山，具体封山日期为10月16日至次年4月27日，不过具体时间每年或有变化，游玩前请电话咨询（010-60390260）。
2. 百花山及周围区域早晚气温较低，来此游玩要准备御寒衣物。
3. 山顶晴天时日照较强，游玩时要准备好遮阳帽、墨镜等防晒物品。
4. 景区处购物不便，来此之前请自备饮用水和路上所需的干粮。

🏠 北京市门头沟区清水镇

🅐 地铁苹果园站每天有三班发往百花山的M11路公交

$ 40元

🕐 景区每年4月28日至10月15日开放，10月16日至次年4月27日封山关闭；开放期间每天开放时间为8:00—17:00

周边景点：白草畔景区

白草畔和百花山是同一片山。白草畔风景优美，有林海明珠和蚁冢千丘等景观，景区常有云海奇观，云雾缭绕，夏季尤为舒适。景区内有民宿可预订，方便观星空和日出。

🏠 北京市房山区霞云岭乡四马台村

$ 40元

潭柘寺 四季皆宜

潭柘（zhè）寺始建于 1700 多年前，历史非常悠久。曾经规模极大，传说明故宫便是仿造这里建造，北京有"先有潭柘寺，后有北京城"的谚语。寺院受历代皇家重视，香火极旺，而且群山环抱，古树参天，建筑古老精美，风景非常不错。

除了观赏众多的古树和寺院建筑外，潭柘寺周围的自然风光也非常赏心悦目。整个寺院被几座小山环抱，周围的山上树木茂密。每到秋天，山上的红叶遍野，不亚于香山等地，是北京地区观赏红叶十分不错的地方。

🏠 北京市门头沟区潭柘寺镇北侧约 3 千米处
🅰 乘坐公交 931 路到潭柘寺站下车即是
$ 成人票 50 元
🕐 8:30—16:30

四季攻略 ▶▶

　1. 寺内为香客提供免费的香，不鼓励外带。
　2. 从北京市区去潭柘寺车程较长，游玩时最好准备一些饮用水、干粮等。

周边景点：戒台寺

戒台寺又称戒坛寺，与附近的潭柘寺一起是京西最著名的两大佛教寺庙。

戒台寺始建于唐代，寺内最著名的便是建于明代并且至今保存完好的戒坛，戒坛的规模和地位均属全国第一。历代以来戒坛寺地位都很高，受到历朝皇家的颁赐和建设。如今的戒台寺是一座优美的佛教园林，古朴建筑和参天古树相互映衬，非常祥和静谧。另外，寺内还有牡丹院等花朵遍布的园子。来此拜佛祈福、欣赏古松、观花摄影都非常不错。

🏠 北京市门头沟区永定镇马鞍山麓（近 108 国道）
🅰 乘坐公交 948 路、M44 路到戒台寺站下车即可
$ 45 元
🕐 约 8:30—17:00（无明确规定开关时间，会参考游客人数等因素在前后半小时内调节）

四季攻略 ▶▶

　1. 在寺内用素斋要注意遵守规定，男女分开坐，而且吃饭过程中不准讲话。
　2. 戒台寺与西北方向的潭柘寺距离不远，很多游客都会两寺一并游玩。

云居寺 四季皆宜

云居寺始建于隋朝，历史上十分著名。自古以来就有人在云居寺的石板上刻经，寺后背靠的小山石经山也因此而得名。如今的云居寺是一个拜佛祈福的胜地。最传神的便是在寺内发现的肉身佛舍利，很多香客慕名来此瞻仰，为自己和亲人祈福。

云居寺背靠的小山处有石板经文的展览室，有些还在地宫内向外展览，可以随意逛逛转转，观看石板经文。另外，后山上还有一座千年的古塔，建于唐朝，沧桑感十足，适合拍照摄影。

🏠 北京市房山区白带山西南麓
Ⓐ 地铁燕房线饶乐府站转乘 F12、F19 路可到
Ⓢ 40 元
🕐 旺季 8:30—17:00，淡季 8:30—16:30

周边景点：云居滑雪场

云居滑雪场距云居寺很近，处于群山屏蔽的天然沟谷地带，得天独厚的地理环境使它成为天然的避风港，并形成"小气候"，冬季滑雪场气温与市区气温相差 5℃，天然降雪长时期保持不化，整个景区"银装素裹，分外妖娆"，尽显北国风光。

🏠 北京市房山区张房镇蔡家口
Ⓢ 门票 20 元（元旦、春节期间 30 元）；平日全天 200 元；周末全天 240 元；节假日全天 360 元
🕐 8:30—16:20
📞 010-61338589

石花洞 四季皆宜

　　石花洞洞内常年恒温 13℃，夏季时是京郊周末避暑出游的好地方。石花洞内的石花形式多样，数量繁多，是全国景观最精彩的溶洞之一，而且由于地壳变化又造就了石花洞多层的结构，十分罕见。洞内的开放部分安装了彩色灯光，和各种石笋石花一起构成了奇幻瑰丽的景观，观赏和摄影都十分合适。

　　石花洞内比较特别的是位于洞口附近的十佛雕像，是明朝景泰年间圆广法师在此修炼时筹资篆刻的。另外，洞内深处的"瑶池石莲"处，有国内少见的月奶石景观，构成了乳白色的一朵朵莲花状，十分漂亮，可以重点观赏。

🏠 北京市房山区河北镇南车营村
🅰 可在地铁房山线良乡南关站西侧乘坐房山 43 路，至石花洞站下车即是
💲 70 元
🕐 8:30—17:00

四季攻略 ▸▸

1. 石花洞内常年恒温 13℃，夏季前来注意带一件外套以免着凉。
2. 入洞之前最好准备好饮用水，爬洞时容易口渴。

周边美食：石花楼餐厅

　　餐厅距离石花洞洞口很近，自家三层小楼，三面环山，主营家常菜。菜品相对来说比较丰富，味道不错。推荐小鸡炖蘑菇、炸河虾、家常豆腐、柴锅炖小鱼。

🏠 北京市房山区石花洞风景区 111 号（近 032 省道，石花洞风景区）
💲 人均 50 元
📞 010-60311482

周口店北京人遗址博物馆 四季皆宜

　　周口店北京人遗址因发现北京人头盖骨化石而闻名中外，是世界上材料最丰富、最系统、最有价值的旧石器时代早期的人类遗址。周口店遗址博物馆含序厅和六个展厅，藏有大量珍贵的文化遗物、动物化石、石器，以图文并茂的展示形式向人们诠释了周口店遗址的历史。邻近的周口店遗址公园可一并参观。

🏠 北京市房山区周口店镇龙骨山
🅰 燕房线燕山站转乘房山 38 路公交车可到
💲 30 元
🕐 9:00 ～ 16:30

周边美食：龙源饭庄

　　饭店交通方便，门外停车位很多。饭店大厅干净整洁，十分宽敞，设有包间，服务的大姐很是亲切。饭店菜品丰富，推荐宫保鸡丁和烤鱼。

🏠 北京市房山区周口店大街
💲 人均 80 元
📞 010－69303898

十渡风景名胜区 夏季最佳

　　十渡风景名胜区是沿着拒马河大约长 20 千米的一条河谷。这里地貌很灵秀，悬崖峭壁很多，其间还有瀑布溪流等，下面的拒马河河水清澈，环境优美。河水两侧设置了骑马、蹦极等众多娱乐项目，还可以在河水中乘竹筏、玩漂流。

　　十渡是整条河谷的统称，原指河谷上的 10 个渡口，现在沿河自东向西已有一渡到十八渡共 18 个村庄，依然统称为十渡。每一渡处都有优美的山水风光可以观看游玩。十渡内开发成为景区的主要有六渡的孤山寨景区、十五渡的东港湖景区，还有位于十渡的拒马乐园等。

🏠 北京市房山区十渡镇

🚌 燕房线马各庄地铁站以西的龙之乡公交场站有发往十渡景区的 F16 路公交

💲 十渡景区不收费，内部景点及娱乐设施单独收费。其中孤山寨景区 75 元，东湖港风景区 50 元，拒马河漂流 80 元；另有竹筏漂流、蹦极等其他娱乐设施，几十元到几百元不等

🕐 十渡景区全天开放，内部景点及娱乐项目开放时间约为 8:00—17:00

注：部分景区受 2023 年夏季暴雨影响，正在恢复重建。了解最新资讯，可关注"十渡旅游"微信公众号。

周边美食：十渡镇

　　因为靠近十渡自然风景区，十渡镇里各种民俗村、农家乐鳞次栉比，各有风味，游客可以根据喜好自主选择。十渡附近盛产各种河鱼河虾，去当地时可以尝试一下特色饭菜，推荐全羊宴、柴鸡、冻柿子、黄豆焖鱼、焯柳芽、酥炸小鱼等。

🏠 北京市房山区十渡镇

圣莲山风景区 春夏秋适宜

圣莲山风景区以太行山为脉络,古称太山,因整个山体酷似莲花状,故曰"圣莲山"。圣莲山风景区是一处以山林、佛寺、道观为主的风景区,圣莲山翠微诸峰,拱揖相属,加之具有神秘色彩的圣水和优异的植被,被誉为"京都第一奇山"。

圣莲山山景十分漂亮,有很多陡峭的岩壁和奇松怪石等,壮观俏丽。山顶有多座寺庙、道观等,来此可以登山观景、拜访寺院。还有一尊巨大的老子雕像,十分壮观。

🏠 北京市房山区西北史家营乡柳林水村
🅰 燕房线燕山站乘 F21、F24 路公交均可到景区
💲 门票 60 元;观光车往返 20 元,索道单程 40 元
🕐 8:00—16:00

周边美食:圣辉度假山庄

圣辉度假山庄自然风景秀丽,环境优美,气候宜人。山庄拥有含蒙古包在内的各式客房,房内设计别具一格。配备西餐厅、中餐厅、戏楼餐厅,菜品主要以山野菜、农家菜为主,提供土、素、鲜、野为特色的新鲜绿色食品。

🏠 北京市房山区史家营乡圣莲山风景区内
📞 010—60319511

上方山国家森林公园 春夏秋适宜

上方山具有 2000 年的佛教文化历史，是一座集自然、佛教和溶洞为一体的综合性国家森林公园，更是集山、林、洞、寺、泉、坑景观为一体的综合性多功能景区。

上方山国家森林公园内有著名的"九洞十二峰"，还有以"兜率寺"为首的七十二禅院，是集林、洞、寺、山、石各类景观于一体的风景区。园内生长着华北地区少见的原始次生林和几十株古树名木，历史上称"幽燕奥室"，享有"南有苏杭，北有上方"之誉。

🏠 北京市房山区韩村河镇
🅰 燕房线房山城关地铁站乘 F15 路公交可到
⑤ 40 元
🕐 8:00—16:00

周边美食：山水间饭店

店的位置优越，干净卫生。农家菜很正宗，炖菜味道一流，侉炖鲟鱼非常好吃，鲜鱼泡饼鲜美，点几个小菜搭配清爽解腻，吃得经济实惠。可以预订，店家服务态度比较热情。

🏠 北京市房山区新黄路北京坡峰岭酒店对面
⑤ 人均 50 元
🕐 010-60364569

银狐洞 四季皆宜

银狐洞是华北地区唯一开放的大型水旱洞为一体的溶洞型自然旅游景区。其中主洞、支洞、水洞、旱洞纵横交错。因发现罕见的形似狐狸的大型白色方解石晶体而得名。

银狐洞具有两大特点：一是洞里到处可见罕见的石菊花、晶花、石珍珠、石葡萄等景观，最令人叫绝的是长近两米、形似狐狸的大型方解石晶体，全身布满洁白剔透的毛绒针刺，为世界溶洞首次发现；二是在银狐洞最底层，深入地下106米的地下河，河水清澈见底，经国家级鉴定为优质天然矿泉水，因流经磁铁矿床成为天然磁化水，具有明显的消炎杀菌功能。

🏠 北京市房山区佛子庄乡下英水村

Ⓐ 地铁苹果园站乘 948 路公交可到

Ⓢ 门票价格 65 元（包括导游，乘船，出口坐矿车），地下河探秘另收 20 元

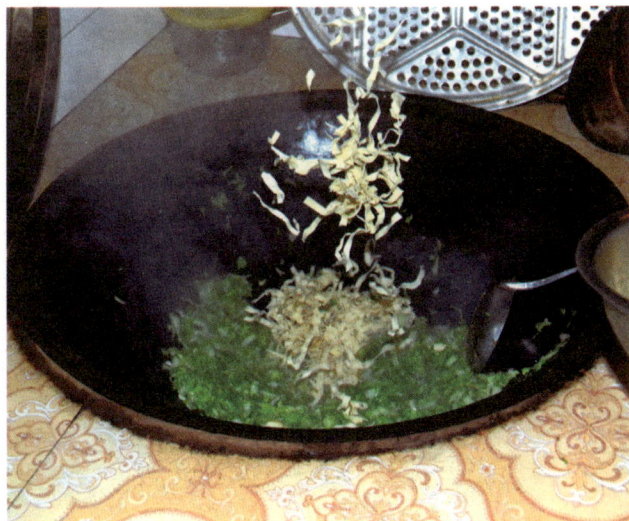

周边美食：继昌饭店

店里干净整洁，除了一些山珍野味农家菜价格贵一些，其他家常菜价格适中。推荐龙眼菜，用醋拌过撒上葱蒜末，口感筋道，爽口解腻，而且营养丰富。

🏠 北京市房山区佛子庄乡下英水村银狐洞景区门口

Ⓢ 人均 80 元

📞 010-61380860

琉璃渠村 四季皆宜

　　琉璃渠村依山傍水，是经历辽、金、元、明、清五朝的千年古村，琉璃烧造工艺是该村传承千年的技艺。从元代起，朝廷即在此设琉璃局，清乾隆年间北京琉璃厂迁至此地，后又修水渠至此，村子因此得名。

　　目前，琉璃渠村有北京唯一一座清代黄琉璃顶过街天桥、西山大道古道遗址、龙王庙、古戏台、三教庵、白衣庵、五道庙、老君堂、山神庙等传统建筑和文物古迹，这些遗迹大部分保存完好。

🏠 北京市门头沟区龙泉镇琉璃渠村
🅰 地铁苹果园站乘 929、M4 路公交车到琉璃渠村即可
Ⓢ 免费

周边景点：丑儿岭山庄

　　丑儿岭山庄种植各类果树2 万多棵，是集休闲娱乐于一体的庄园，其内还有一个小型农家动物园，饲养了鸡、鹅、羊、牛等家禽、家畜，专门供游人尤其是儿童近距离接触，别有一番情趣。

🏠 北京市门头沟区琉璃渠村南面的山坡上

美食

门头沟 / 压肉

压肉即猪头肉压制而成，做工精细，作料专一，是京西压肉的独到之处。

房山 / 八八席

八八席是房山霞云岭乡白草畔内的四马台村的一种特色美食。八八席由八个碗和八个盘构成：八个碗分别是碗蒸五花肉 2 碗、假鸡肉 1 碗、炸卤水豆腐 2 碗、清水素白菜 1 碗、清炖豆腐 1 碗、素丸子 1 碗；八个盘分别是凉菜 4 盘：三色杏仁、肘花、筒蒿、三珍菜，热菜 4 盘：白草小炒、焦熘疙炸、宫保山鸡丁、香酥花椒芽。

购物

门头沟 / 门头沟核桃

门头沟核桃是北京的土特产，在本区大部分村庄都栽有核桃树。这里生产的核桃皮薄、仁满、个大，含脂率高达 45% 左右。目前，门头沟区已成为我国重要的核桃出口基地之一。

房山 / 房山磨盘柿

磨盘柿因果实缢痕明显，位于果腰，将果肉分成上下两部分，形似磨盘而得名。房山磨盘柿个儿大、色艳、皮薄、汁多，是业界公认的优良涩柿品种。

房山 / 良乡板栗

良乡板栗主要产于房山西部、西北部山地。其中以佛子庄乡的北窑、南窑乡的中窑、水峪、花港等村最多。

房山 / 房山黄金梨

黄金梨品种果实呈圆形，稍扁，果皮金黄色，故称黄金梨。黄金梨售价高，是目前国内外市场售价最高的梨果果品。

图书在版编目（CIP）数据

北京四季旅行 /《亲历者》编辑部编著. —3版. — 北京：
中国铁道出版社有限公司，2024.8
（亲历者）
ISBN 978-7-113-31260-2

Ⅰ. ①北… Ⅱ. ①亲… Ⅲ. ①旅游指南-北京 Ⅳ. ①K928.91

中国国家版本馆CIP数据核字（2024）第099881号

书　　名：北京四季旅行
　　　　　BEIJING SIJI LÜXING
作　　者：《亲历者》编辑部

责任编辑：孟智纯　冯彩茹　　　　电话：（010）51873697
封面设计：尚明龙
责任校对：刘　畅
责任印制：赵星辰

出版发行：中国铁道出版社有限公司（100054，北京市西城区右安门西街8号 ）
印　　刷：天津嘉恒印务有限公司
版　　次：2017年2月第1版　2024年8月第3版　2024年8月第1次印刷
开　　本：710 mm×1 000 mm 1/16　印张：14　字数：240千
书　　号：ISBN 978-7-113-31260-2
定　　价：68.00元